DESONRADA

Mukhtar Mai
Com a colaboração de Marie-Thérèse Cuny

DEPOIMENTO

Tradução
Clóvis Marques

CIP-BRASIL. CATALOGAÇÃO-NA-FONTE
SINDICATO NACIONAL DOS EDITORES DE LIVROS, RJ

M183d

Mukhtar, Mai, 1977-
    Desonrada / Mai Mukhtar; com a colaboração de Marie-Thérèse Cuny; tradução Clóvis Marques. – Rio de Janeiro: Best*Seller*, 2007.

    Tradução de: Déshonorée
    ISBN 978-85-7684-170-8

    1. Mukhtar, Mai, 1977-. 2. Vítimas de estupro – Paquistão – Biografia. 3. Mulheres – Paquistão – Condições sociais. 4. Direitos das mulheres – Paquistão. 5. Discriminação de sexo às mulheres – Paquistão. 6. Paquistão – Uso e costumes. I. Cuny, Marie-Thérèse. II. Título.

07-3079   CDD: 305.42095491
                              CDU: 316.346.2-055.2(549.1)

Título original francês
DÉSHONORÉE
Copyright © Oh ! Éditions, Paris, 2006.

Capa: Sense Design
Editoração eletrônica: Abreu's System

Todos os direitos reservados. Proibida a reprodução,
no todo ou em parte, sem autorização prévia por escrito da editora,
sejam quais forem os meios empregados.

Direitos exclusivos de publicação em língua portuguesa para o Brasil
adquiridos pela
EDITORA BEST SELLER LTDA.
Rua Argentina, 171, parte, São Cristóvão
Rio de Janeiro, RJ – 20921-380
que se reserva a propriedade literária desta tradução

Impresso no Brasil

ISBN 978-85-7684-170-8

SUMÁRIO

Prefácio 7
Um longo caminho 11
Um juiz diferente 37
Quebrar o silêncio 63
Destino 85
O tempo passado em Meerwala 103
Desonra 119
As lágrimas de Kausar 143
Agradecimentos 153

PREFÁCIO

Nunca ficou tão clara a hipocrisia das Nações Unidas quanto no caso em que a ONU decidiu cancelar a entrevista de uma paquistanesa vítima de estupro coletivo. Mukhtar Mai estava sendo apresentada como "a mulher mais corajosa da Terra", mas a entrevista acabou cancelada porque o primeiro-ministro do Paquistão visitava a ONU e não se queria constrangê-lo.

Ela falaria na tevê da ONU, mas, na véspera, a instituição mandou informar que a entrevista ficaria para melhor oportunidade, porque isso poderia incomodar o primeiro-ministro paquistanês, Shaukat Aziz, em visita às Nações Unidas.

A notícia correu mundo imediatamente porque agora a jovem pobre de uma aldeia remota do Paquistão já havia se tornado uma celebridade. Mukhtar estava indo à ONU depois de participar do lançamento de *Desonrada* em Paris.

Mukhtar Mai viveu uma das mais chocantes histórias de violência contra a mulher já divulgada. Ela foi condenada pela jirga, a corte tribal, da localidade de Meerwala, em junho de 2002, a ser estuprada coletivamente. Seu crime? Nenhum! Seu irmão mais novo, então com 12 anos, estaria se encontrando com uma jovem de uma tribo, considerada de casta superior. Ofendidas, as pessoas da tal casta exigiram, como vingança pelo suposto ataque à honra do grupo, que Mai fosse estuprada.

Ela foi condenada pelo conselho tribal e estuprada sucessivamente por quatro homens. Seria mais um dos milhões de estupros de que, ainda hoje, mulheres são vítimas, seria mais um dos casos de violência contra a mulher determinada por alegações religiosas ou culturais, não fosse a espantosa coragem de Mai.

Recusando-se a ficar em silêncio, ela desafiou seus algozes e enfrentou o código tribal. Foi à Justiça comum do país pedindo punição para todos os culpados. Em 2004, eles foram condenados e ela recebeu uma indenização. Com o dinheiro, abriu uma escola. Mai, que na sua época nunca teve permissão para estudar, disse querer trabalhar para melhorar as chances da próxima geração. "A escola é o primeiro passo para mudar o mundo. Em geral, o primeiro passo é o que dá mais trabalho, mas é o começo do progresso", disse, segundo a BBC News. Ela ainda enfrentou outro constrangimento: em 2005, teve seus direitos de locomoção reduzidos pelo governo paquistanês, sob a alegação de que era para sua segurança. A suspeita é de que a intenção era silenciá-la em sua condenação ao país e à omissão do governo.

Mai venceu mais essa batalha, mas a ONU acabou ajudando o governo do Paquistão. Para isso, teve que esquecer até o preâmbulo da declaração que a criou, que diz o seguinte: "Considerando que o desconhecimento e o desprezo dos direitos do

Homem conduziram a atos de barbárie que revoltam a consciência da Humanidade e que o advento de um mundo em que os seres humanos sejam livres de falar e de crer, libertos do terror e da miséria, foi proclamado como a mais alta inspiração do Homem..."

A ONU, guardiã e defensora dessa declaração universal, decidiu que, lá, Mai tem que se calar. Entre dar voz a uma vítima de grave violação dos direitos humanos ou a mais um burocrata de ocasião, ficou com a segunda opção.

A luta da mulher por respeito é mais dramática em alguns países, mas é mundial. No Brasil, uma pesquisa do Instituto Patrícia Galvão, feita pelo Ibope, mostrou que, entre mulheres que só estudaram até o quarto ano do fundamental, 31% não discordavam da frase: "Ele bate, mas, ruim com ele, pior sem ele." Até entre quem tem curso superior foi possível encontrar 8% que aceitavam a frase.

Nessa área, os dados são imprecisos, porque muitas mulheres preferem o silêncio, mas, segundo a Fundação Perseu Abramo, um terço das mulheres com mais de 15 anos já foi vítima de alguma forma de violência física. Em mais de 50% dos casos, a denúncia não é feita. No mundo, em alguns países, a taxa de violência chega até a 69% das mulheres.

Asma Jahangir, da Comissão de Direitos Humanos da ONU no Paquistão, escreveu na revista *Time Asia* que, nos sete primeiros meses de 2004, nada menos que 151 mulheres paquistanesas foram estupradas da mesma forma e 176 foram condenadas à morte "em nome da honra". No ano em que Mai foi violentada, foram registrados outros 804 casos de estupros coletivos, 434 deles chegaram a ser noticiados. Os casos de suicídio de mulheres após condenação semelhante por conselho tribal — única justiça em grande parte da área rural do Paquistão — são tão comuns que normalmente são registrados em notícias pequenas nos jornais locais.

O nome e a história de Mai correram mundo e continuarão correndo nos próximos anos. Ela virou um símbolo da luta contra a barbárie, pelos direitos humanos, contra a violência contra a mulher. É admirada, respeitada e apoiada. Tudo o que aconteceu a ela seria mais um caso de abuso contra a mulher num lugar remoto, tolerado pelo mundo com a desculpa de que essa é a cultura local ou essa é a lei religiosa, não fosse sua determinação de não se calar.

Numa entrevista à CNN, Mai disse, numa vozinha baixa e tímida, uma mensagem de extraordinário poder: "Eu tenho uma mensagem para as mulheres do mundo, todas as mulheres que foram estupradas ou foram vítimas de violência. É preciso falar sobre o que houve e lutar por justiça." Parece simples e fácil, mas para todas as vítimas de violência sexual este é o passo mais difícil: falar sobre o crime e expor a humilhação de que foi vítima.

Miriam Leitão, jornalista
Texto publicado em 24 de janeiro de 2006 no jornal *O Globo*

UM LONGO CAMINHO

A DECISÃO DA FAMÍLIA É TOMADA NA NOITE DE 22 DE JUNHO DE 2002.

Sou eu, Mukhtaran Bibi, da aldeia de Meerwala, da casta dos camponeses Gujjar, que terei de enfrentar o clã da casta superior dos Mastoi, agricultores poderosos e guerreiros. Terei de pedir-lhes perdão em nome da minha família.

Perdão pelo meu irmãozinho Shakkur. A tribo dos Mastoi o acusa de ter "falado" com Salma, uma menina do clã deles. Ele tem apenas 12 anos, e Salma já tem mais de 20. Nós sabemos que ele não fez nada de mal, mas se os Mastoi decidiram assim, nós, os Gujjar, temos de nos submeter. Sempre foi assim.

Meu pai e meu tio disseram:

— O nosso mulá, Abdul Razzak, já não sabe o que fazer. Os Mastoi têm maior presença no conselho da aldeia. Não querem saber de conciliação. E estão armados. Seu tio materno e um amigo dos Mastoi, Ramzan Pachar, tentaram de tudo para acalmar os membros da jirga.* Só nos resta uma chance: é pre-

---

* Jirga ou panchâyat: tribunal de aldeia encarregado de resolver os problemas à margem da justiça oficial.

ciso que uma mulher Gujjar peça perdão ao clã deles. E nós escolhemos você entre as mulheres da casa.

— E por que eu?

— Seu marido lhe deu o divórcio, você não tem filhos, é a única com idade para fazê-lo, ensina o Corão, é respeitável...

A noite já caíra havia muito tempo e até o momento eu ignorava os detalhes desse grave conflito. Só os homens, reunidos em jirga há várias horas, sabem por que terei de me apresentar perante esse tribunal e pedir perdão.

Shakkur desapareceu à tarde. Sabemos apenas que ele estava no campo de trigo perto de casa, e que agora está encarcerado na delegacia, a 5 quilômetros da aldeia. Fico sabendo pelo meu pai que Shakkur foi espancado.

— Vimos seu irmão quando a polícia o tirou da casa dos Mastoi. Estava coberto de sangue, e suas roupas haviam sido rasgadas. Ele foi algemado e levado, sem que pudéssemos falar com ele. Eu o havia procurado por toda parte, e um homem que estava no alto de uma palmeira, cortando galhos, veio me dizer que vira quando ele foi seqüestrado pelos Mastoi. Aos poucos, fiquei sabendo com o pessoal na aldeia que eles o tinham acusado de roubo em sua plantação de cana-de-açúcar.

Os Mastoi praticam com freqüência esse tipo de vingança. Eles são violentos, o chefe de sua tribo é poderoso e conhece muita gente — homens influentes. Ninguém da minha família ousou ir à casa deles. Esses homens são capazes de surgir de repente na casa de qualquer um, armados de fuzis, para saquear, destruir e violar. Os Gujjar são inferiores e, por princípio, têm de se submeter à vontade dos Mastoi.

O mulá, o único capaz de fazê-lo, por sua função religiosa, tentou conseguir que meu irmão fosse libertado. Sem êxito. Foi então que meu pai foi se queixar à polícia. Os orgulhosos Mastoi, indignados que um camponês Gujjar ousasse enfrentá-los e mandasse a polícia à sua casa, mudaram a acusação. Disseram aos policiais que Shakkur tinha violado Salma, e que só o deixariam partir se ele fosse para a prisão. Disseram também que se ele saísse da prisão a polícia teria de devolvê-lo a eles. Eles o acusam de "zina". No Paquistão, *zina* é ao mesmo tempo pecado de violação, de adultério e de relações sexuais fora do casamento. Segundo a charia, a lei islâmica, Shakkur pode ser condenado à morte. Então, a polícia o prendeu por causa da acusação, e também para protegê-lo da violência dos Mastoi, que querem fazer justiça com as próprias mãos. A aldeia toda já está sabendo desde o início da tarde, e por segurança meu pai levou as mulheres da família para a casa de vizinhos. Sabemos que a vingança dos Mastoi recai sempre sobre uma mulher de casta inferior. É uma mulher que tem de se humilhar, de pedir perdão na presença de todos os homens da aldeia, reunidos numa sessão da jirga diante da fazenda dos Mastoi.

Eu conheço essa fazenda de vista, ela fica a menos de 300 metros da nossa. Possui muralhas imponentes e um terraço de onde eles vigiam as cercanias, como se fossem os donos da região.

"Mukhtaran, vá se aprontar e venha conosco."

Nessa noite, eu ainda não sei que o caminho que liga nossa pequena fazenda à residência mais rica dos Mastoi vai mudar para sempre minha vida. Conforme o destino quiser, o caminho será curto ou longo. Curto se os homens do clã aceitarem meu arrependimento. Portanto, estou confiante. Levanto-me e apanho o Corão, apertando-o contra o peito para cumprir minha missão. Ele me protegerá.

Eu poderei ter medo.

A decisão do meu pai foi a única possível. Tenho 28 anos, não sei ler nem escrever, pois não existem escolas para as meninas na aldeia, mas decorei o Corão, e desde meu divórcio o ensino gratuitamente às crianças da aldeia. Está aí minha respeitabilidade. Minha força.

Caminho pela estrada de terra, seguida por meu pai, meu tio e Ghulamnabi, um amigo de outra casta, que serviu de intermediário durante as negociações da jirga. Eles estão preocupados com minha segurança. Até meu tio hesitou antes de me acompanhar. E, no entanto, eu mesma vou caminhando com uma espécie de inconsciência infantil. Não fiz nada de errado. Tenho fé, e desde o divórcio vivo com minha família, longe dos homens, como é o meu dever, com toda calma e serenidade. Ninguém jamais pôde falar mal de mim, como acontece tantas vezes com outras mulheres. Salma, por exemplo, é conhecida por seu comportamento agressivo. É uma moça que fala firme e forte e que se mexe muito. Sai quando quer e vai aonde bem lhe parece. É possível que os Mastoi tenham pretendido se aproveitar da inocência do meu irmãozinho para dissimular alguma coisa a respeito dela. Seja como for, os Mastoi decidem e os Gujjar obedecem.

Em junho, as noites ainda ardem com o calor do dia, os pássaros dormem e as cabras também. Um cão late em alguma parte do silêncio que acompanha meus passos, e pouco a pouco esse silêncio se transforma em murmúrio. Eu avanço, e chegam até mim vozes de homens enfurecidos. Posso agora vê-los debaixo da única luz que assinala a entrada da fazenda Mastoi. São mais de uma centena, talvez 150 reunidos perto da mesquita, a maioria do clã dos Mastoi. São eles que dominam a jirga. Nem o mulá pode nada contra eles, embora seja a referência de todos os aldeãos. Tento ver se ele está por ali, mas não o encontro. Ignoro nesse momento que alguns membros da jirga, discordando dos Mastoi sobre a maneira de decidir a questão, deixaram a assembléia, conferindo-lhes poder absoluto.

À minha frente, agora, vejo apenas o chefe da tribo, Faiz Mohamed, conhecido como Faiz, e quatro outros homens: Abdul Khaliq, Ghulam Farid, Allah Dita e Mohamed Fiaz. Armados com fuzis e uma pistola. Imediatamente, as armas são apontadas para os homens do meu clã. Eles sacodem os canos, para amedrontá-los e fazê-los fugir, mas meu pai e meu tio nem se mexem. Respeitados por Faiz, eles ficam atrás de mim.

Os Mastoi reuniram seu clã. Uma muralha de homens ameaçadores, excitados e impacientes.

Eu trouxe comigo um véu, e o estendo a seus pés, em sinal de obediência. Recito de memória um versículo do Corão, com a mão sobre o Livro Santo. Tudo o que sei sobre as escrituras me foi transmitido oralmente, mas é possível que eu conheça melhor o texto sagrado que a maioria desses brutamontes que me olham com desprezo. Agora, terei de pedir perdão. Para que a honra dos Mastoi se purifique novamente. O Punjab, conhecido como a "Terra dos Cinco Rios", também é chamado de "Terra dos Puros". Mas quem são os puros?

Eles me impressionam com seus fuzis e seus rostos maus. Sobretudo Faiz, o chefe do bando, grande, forte e armado com uma carabina de pressão. Ele tem um olhar de louco, fixo e cheio de ódio. Mas, se por um lado eu tenho consciência de pertencer a uma casta socialmente inferior, também tenho o senso de honra dos Gujjar. Nossa comunidade de pequenos agricultores pobres tem uma história de vários séculos, e mesmo sem conhecê-la perfeitamente sinto que ela faz parte de mim e do meu sangue. O perdão que vou pedir a esses brutamontes não passa de uma formalidade, que em nada compromete minha honra pessoal. E eu falo, baixando os olhos e elevando minha voz de mulher o mais alto possível em meio ao ruído surdo das vozes dos homens nervosos.

"Se meu irmão cometeu um erro, peço perdão em nome dele, e solicito que seja libertado."

Minha voz não tremeu. Levantando os olhos, eu espero a resposta, mas Faiz nada responde, balançando a cabeça com desprezo. Segue-se um breve silêncio. Eu oro dentro de mim, e vem então o medo, brutalmente, como uma tempestade de monção, paralisando meu corpo com uma descarga elétrica.

Vejo agora nos olhos desse homem que ele nunca teve a intenção de perdoar. Ele queria uma mulher Gujjar para cumprir sua vingança perante toda a aldeia. Esses homens enganaram a assembléia da jirga, da qual fazem parte, enganaram o mulá, meu pai e toda a minha família. Pela primeira vez, membros do conselho decidem eles próprios uma violação coletiva para impor o que chamam de sua "justiça de honra".

Faiz dirige-se aos irmãos, como ele impacientes por impor essa justiça. Para afirmar seu poder com uma demonstração de força.

"Ela está aí! Façam o que quiserem!"

Eu estou ali, realmente, mas não sou mais eu. Esse corpo paralisado, essas pernas que bamboleiam já não me pertencem. Eu vou desmaiar, cair no chão, mas nem tenho tempo. Sou arrastada à força como uma cabra que vai ser abatida. Meus braços foram agarrados por braços de homens, que puxam minhas roupas, meu xale e meus cabelos. Eu grito:

"Em nome do Corão, me deixem! Em nome de Deus, me deixem!"

Passo então da noite externa a uma noite interna, em algum lugar fechado onde só a luz da Lua, entrando por uma minúscula janela, me permite ver os quatro homens. Quatro paredes e uma porta, diante da qual se delineia uma silhueta armada.

Nenhuma saída. Nenhuma oração possível.

Foi ali que eles me violaram, na terra batida de um estábulo vazio. Quatro homens. Não sei quanto tempo durou essa tortura infame. Uma hora ou uma noite.

Eu, Mukhtaran Bibi, filha primogênita do meu pai, Ghulam Farid, perdi consciência de mim mesma, mas jamais esquecerei o rosto daqueles animais. Para eles, uma mulher não passa de um objeto de posse, de honra ou vingança. Casam-se com ela ou a violam de acordo com sua concepção de orgulho tribal. Sabem que uma mulher assim humilhada tem como único recurso o suicídio. Nem precisam usar suas armas. O estupro a mata. O estupro é a arma derradeira. Serve para humilhar definitivamente o outro clã.

Eles nem precisaram me bater, eu estava, de qualquer maneira, entregue a eles; meus pais, sob sua ameaça; e meu irmão, na prisão. Eu tinha de agüentar, e agüentei.

Depois eles me empurraram para fora, seminua, diante de toda a aldeia, que ali estava, à espera. A porta de madeira de duplo batente tornou a fechar, e dessa vez eles ficaram atrás. Eu estava sozinha com minha vergonha, na frente de todo mundo. Nem tenho palavras para dizer o que eu era naquele momento. Não conseguia mais pensar, meu cérebro havia sido tomado por uma neblina. As imagens da tortura e da infame submissão se esconderam por trás dessa neblina espessa, e eu caminhei curvando a espinha, com o xale no rosto, única dignidade que me restava, sem saber para onde ia, embora me dirigisse instintivamente para a casa da minha família. Percorri como um fantasma aquele caminho, inconsciente da presença do meu pai, do meu tio e de seu amigo Ramzan, que me seguiam de longe. Por todo aquele tempo, eles haviam permanecido de pé, sob a ameaça dos fuzis, e agora os Mastoi permitem que partam.

Minha mãe está chorando na frente de casa. Passo diante dela, completamente embrutecida, incapaz de dizer uma palavra. As outras mulheres me acompanharam em silêncio. Entro em um dos três quartos reservados às mulheres e caio em uma cama de palha trançada. Uma coberta é jogada sobre mim, não me mexo mais. Minha vida acaba de sofrer um tal horror que minha cabeça e meu corpo recusam a realidade. Eu não sabia que era possível semelhante violência. Eu era ingênua, habituada a viver sob a proteção de meu pai e de meu irmão mais velho, como todas as mulheres da minha província.

Casada pela família, aos 18 anos, com um homem que eu não conhecia, inútil e incapaz, eu logo conseguira me divorciar, com o apoio de meu pai. Vivia reclusa, ao abrigo do mundo externo, esse mundo que acabava nos limites da minha aldeia. Analfabeta, como todas as outras mulheres, minha vida se reduzia a duas atividades simples, além das tarefas da casa. Eu ensinava o Corão gratuitamente a crianças, pelo mesmo método que o havia aprendido: oralmente. E para contribuir com os magros rendimentos da família ensinava as mulheres o que sabia fazer melhor: bordado. Do alvorecer ao pôr-do-sol, minha vida limitava-se ao território da pequena fazenda paterna, transcorrendo ao ritmo das colheitas, das tarefas cotidianas. À parte o que pudera descobrir no casamento, que me levara provisoriamente a outra casa, nada mais conhecia além dessa existência, idêntica à das outras mulheres do meu meio. O destino acabava de me projetar longe dessa vida sossegada, e eu não entendia o motivo da minha punição. Sentia-me morta, nem mais nem menos. Incapaz de pensar e de superar aquele sofrimento desconhecido, tão grande que me paralisava.

Todas as mulheres choravam ao meu redor. Eu sentia mãos na minha cabeça e no meu ombro, em sinal de compaixão. Minhas irmãs mais moças soluçavam, mas eu estava imóvel, estranhamente alheia àquela infelicidade que era minha e repercutia em toda a minha família. Durante três dias, só deixei aquele quarto para minhas necessidades naturais, mas não comi nem chorei nem falei. Ouvia minha mãe dizer:

"É preciso esquecer, Mukhtaran. Acabou. A polícia vai libertar seu irmão."

Eu também ouvia outras palavras. Uma mulher da aldeia afirmava:

"Shakkur cometeu um pecado, ele violou Salma..."

Outra dizia:

"Mukhtaran devia se casar com um Mastoi, como disse o mulá, e Shakkur devia casar com Salma. Foi ela que não quis. A culpa é dela."

As palavras corriam pela aldeia, como corvos negros ou pombos brancos, de acordo com aquele ou aquela que falava. Pouco a pouco, eu ia entendendo a origem de tudo aquilo.

As negociações da jirga, que normalmente ocorrem na casa do mulá Abdul Razzak, dessa vez transcorreram na rua, em plena aldeia. Esse conselho tribal tradicional atua à margem de qualquer legislação oficial, incumbido de promover uma mediação entre queixosos das duas partes, em princípio atendendo ao melhor interesse de cada uma delas. Nas aldeias, as pessoas preferem recorrer à jirga, pois a justiça oficial custa muito caro. É preciso contratar um advogado, o que está fora do alcance da maioria dos camponeses. Eu não sabia por que motivo, no caso da acusação de estupro contra o meu irmão, não fora possível recorrer à mediação da jirga. Meu pai e meu tio muito pouco me haviam dito a respeito — as mulheres raramente são informadas das decisões tomadas pelos homens. Mas, aos poucos, ouvindo os comentários que nos chegavam da aldeia, comecei a entender a razão da minha punição.

Shakkur teria sido surpreendido em flagrante delito de flerte com Salma. Segundo outros boatos, teria roubado pés de cana-de-açúcar numa plantação. Pelo menos é o que os Mastoi alegavam no início. Depois de acusá-lo desse roubo, o clã seqüestrou, espancou e sodomizou meu irmão para humilhá-lo. Só mais tarde Shakkur relataria o acontecido, e apenas a nosso pai. Ele tentou fugir várias vezes, mas eles sempre o apanhavam.

Depois, para dissimular o estupro do meu irmão perante a assembléia da jirga, eles inventaram uma nova versão, segundo a qual Shakkur teria tido relações sexuais com Salma, supostamente virgem. Um crime terrível. As moças são proibidas de falar com os rapazes. Quando uma mulher cruza com um homem, deve baixar os olhos e nunca se dirigir a ele, sob pretexto algum.

Quando vejo Shakkur atravessar o pátio, não posso imaginar algo semelhante. Ele é um adolescente baixo de 12 anos, talvez 13 — na nossa terra, só ficamos sabendo nossa idade pelo que dizem o pai ou a mãe: "Neste ano, você completa 5 anos, 10 anos, 20 anos...", sem ter como referência uma data de nascimento, que não está registrada em lugar nenhum. Magro e ainda uma criança, meu jovem irmão não poderia ter relações sexuais com qualquer moça.

Salma é uma mulher de 20 anos, muito desembaraçada. Talvez ela o tenha provocado com palavras, como costuma fazer, mas ele, certamente, só poderia ser acusado de ter cruzado com ela perto da plantação de milho dos Mastoi. Na aldeia, há quem diga que ele flertou com ela — ou pelo menos lhe dirigiu a palavra —, outros afirmam que os dois foram surpreendidos sentados lado a lado, de mãos dadas... A verdade está perdida na poeira das palavras desse ou daquele, conforme pertença a esse ou àquele clã.

Shakkur nada fez de mal, disso estou certa.

As torturas que ele disse a meu pai ter sofrido naquele dia só se comparam às minhas.

Tudo isso fica girando indefinidamente na minha cabeça durante quase uma semana. Por que ele? E por que eu? Essa família queria simplesmente destruir a nossa.

Ouvi dizer também que o mulá Abdul Razzak apresentou uma primeira proposta aos Mastoi. Segundo ele, mandava a sabedoria que, para acalmar os ânimos e evitar que os dois clãs se tornassem inimigos para sempre, Shakkur fosse oferecido em casamento a Salma, e que a filha mais velha da família Gujjar, ou seja, eu mesma, em contrapartida se casasse com um Mastoi. Há quem diga que eu recusei, e que portanto seria culpada pelo que me aconteceu, por ter impedido a conciliação. Ao passo que, segundo os outros membros do conselho, foi o próprio chefe dos Mastoi que rejeitou esse casamento com alguém de condição inferior. Ele teria inclusive berrado:

— Vou quebrar tudo na casa deles, destruir tudo! Vou dizimar o gado e violar as mulheres deles!

O mulá decidiu então abandonar o conselho, sem outra proposta a fazer. No fim, foi Ramzan, o único que não pertencia à casta dos Mastoi nem à nossa, que convenceu meu pai e meu tio a tentar uma outra forma de conciliação: pedir perdão. Mandar uma mulher respeitável, da minha idade, em atitude de submissão perante aqueles brutamontes. Obter a clemência dos Mastoi, para que eles retirassem a acusação e a polícia libertasse meu irmão. Foi assim que saí de casa, confiante, para enfrentar aqueles animais, sem que ninguém pudesse imaginar que eu seria transformada em vítima dessa última tentativa de conciliação.

MAS SHAKKUR AINDA NÃO HAVIA SIDO LIBERTADO, MESMO DEPOIS QUE eu fora atirada na rua pelos estupradores. De modo que, naquela mesma noite, um dos meus primos foi ao encontro de Faiz, o chefe do clã Mastoi.

— O que vocês fizeram está feito. Agora, libertem Shakkur.

— Vá à delegacia, depois eu falo com eles.

O primo foi à delegacia.

— Eu falei com Faiz, ele mandou soltar o menino.

O policial passou a mão no telefone e chamou Faiz, como se fosse seu chefe.

— Chegou um sujeito aqui dizendo que você concordou em libertar Shakkur...

— Mas primeiro ele terá de pagar. Peguem o dinheiro e depois o libertem.

A polícia exigiu 12 mil rúpias, uma quantia enorme para a família. Três ou quatro meses de salário de um operário. Meu pai e meu tio procuraram todos os primos, todos os vizinhos, para tentar consegui-la. E voltaram de noite para entregar o dinheiro à polícia. Meu irmão finalmente foi libertado, por volta de 1 hora da manhã.

Mas continua correndo perigo. O ódio não vai ceder. Os Mastoi irão até o fim com sua acusação, não podem mais recuar sem se desmoralizar e perder a honra — e um Mastoi nunca cede. Lá estão eles em sua casa, o chefe de família e seus irmãos, do outro lado da plantação de cana-de-açúcar. Ao alcance da vista. Conseguiram triunfar sobre meu irmão e sobre mim, mas a guerra está aberta. Todos os Mastoi andam armados. Pertencem a uma casta de guerreiros, e nós só temos paus para acender o fogo e nenhum aliado poderoso para nos defender.

QUERO ME SUICIDAR, TOMEI MINHA DECISÃO. É O QUE AS MULHERES FAZEM no meu caso. Vou engolir ácido e morrer para apagar definitivamente o fogo da vergonha que se abateu sobre mim e minha família. Imploro a minha mãe que me ajude a morrer. Que ela vá buscar ácido e que minha vida enfim termine, já que aos olhos dos outros estou morta. Minha mãe cai em soluços e me impede; não sai mais do meu lado, de dia e de noite. Eu não consigo mais conciliar o sono e ela não me deixa morrer. Durante vários dias, fico enlouquecida com essa impotência. Não posso continuar a viver assim, deitada, enfiada debaixo de meu xale. Até que, finalmente, um acesso de raiva inesperado me salva dessa paralisia.

Também estou pensando numa maneira de me vingar. Podia contratar homens para matar meus agressores. Apareceriam na casa deles, armados com fuzis, e seria feita justiça. Mas eu não tenho dinheiro. Poderia comprar um fuzil, ou ácido, e jogá-lo nos olhos deles, para deixá-los cegos. Poderia... mas eu sou apenas uma mulher, e nós não temos dinheiro, não temos esse direito. Os homens têm o monopólio da vingança, que passa pela violência contra as mulheres.

Ouço agora falar de assuntos nunca revelados: os Mastoi já saquearam a casa de um dos meus tios, já violaram muitas outras vezes, são capazes de aparecer na casa de qualquer um com seus fuzis e saquear sem a menor vergonha. A polícia sabe disso, e também sabe que ninguém tem sequer o direito de se queixar deles, pois se ousasse fazê-lo seria morto imediatamente. Não existe recurso contra eles, passam-se as gerações e eles continuam aí. Conhecem deputados e têm todos os poderes, desde a nossa aldeia até o governo regional, um domínio completo. E, portanto, desde o início, avisaram à polícia:

"Se libertarem Shakkur, terão de entregá-lo a nós."

Até os policiais temiam pela vida de meu irmão, e a única solução que encontraram foi metê-lo numa cela, até descobrir como inocentá-lo ou julgá-lo.

Por isso o pedido de perdão que fui levada a fazer em público estava fadado ao fracasso. Eles só o aceitaram para poder violar-me perante a aldeia inteira. Eles não temem Deus, nem o diabo, nem o mulá. Desfrutam do poder que lhes é conferido por sua casta superior. De acordo com o sistema tribal, decidem quem é o inimigo, quem deve ser esmagado, humilhado, roubado, violado, em total impunidade. Investem contra os fracos, e nós somos os fracos.

ENTÃO EU REZO PARA QUE DEUS ME AJUDE A ESCOLHER ENTRE O SUICÍDIO e a vingança, por qualquer meio que seja. Recito o Corão, converso com Deus, como quando era criança.

Quando eu fazia algo errado, minha mãe sempre dizia:

"Cuidado, Mukhtaran, Deus está vendo tudo que você faz!"

Eu então olhava para o céu, perguntando-me se havia uma janela que permitisse a Deus me ver, mas, por respeito à minha mãe, nada perguntava. As crianças não podem dirigir a palavra aos pais. Às vezes, sentia necessidade de conversar com um adulto. Era minha avó paterna que eu sempre pedia que explicasse "como" e "por que". Ela era a única que me ouvia.

— Vovó, mamãe sempre diz que Deus está me olhando. Mas tem mesmo uma janela no céu, que ele abre para me olhar?

— Deus não precisa abrir uma janela, Mukhtaran, sua janela é o céu inteiro. Ele vê você e todos os outros na Terra. Julga o que você faz de errado e também o que os outros fazem. Que foi que você fez de errado?

— Eu e minhas irmãs pegamos o cajado do avô dos vizinhos e o pusemos atravessado na frente da porta do quarto. Quando ele entrou, levantamos o cajado dos dois lados e ele caiu!

— Por que fizeram isto?

— Porque ele está sempre brigando com a gente. Não quer que a gente suba nas árvores para ficar balançando nos galhos, não quer que a gente fale, que a gente ria, que a gente brinque, não deixa nada! E está sempre nos ameaçando com o cajado, assim que entra em casa! "Você aí, não lavou a bunda, vai se lavar! E você, não se cobriu com o lenço! Vá se vestir!" Ele está o tempo todo brigando com a gente, não faz outra coisa!

— O avô está muito velho, tem um temperamento difícil. Ele não suporta crianças, mas você não pode mais fazer isso! Que mais fez de errado?

— Eu queria vir comer aqui na sua casa, mas mamãe não deixou. Ela diz que eu tenho que comer em casa.

— Vou falar com sua mãe, para que ela não chateie mais minha netinha...

Ninguém na família bate em nós. Meu pai nunca levantou a mão para mim. Minha infância era simples, pobre — nem feliz nem infeliz, mas alegre. Por mim, essa fase teria durado a vida inteira. Eu imaginava Deus como um rei: ele era grande e forte, sentado num sofá, cercado de anjos, e perdoava. Concedia sua graça àquele que tivesse feito o bem e mandava o outro para o inferno, pelo mal que havia feito.

Aos 28 anos — um a mais, um a menos, segundo minha mãe —, Deus é a única saída de minha solidão neste quarto a que estou aprisionada pela vergonha. Morrer ou vingar-me? Como recobrar a honra?

Enquanto eu oro, sozinha, os boatos continuam correndo na aldeia.

Dizem que, na oração da sexta-feira, o mulá fez um sermão. Disse com todas as palavras que o que havia acontecido na aldeia era um pecado, uma vergonha para toda a comunidade, e que os aldeãos tinham de procurar a polícia.

Dizem que havia um jornalista da imprensa local na assembléia, e que ele contara a história em seu jornal.

Dizem também que os Mastoi foram à cidade, num restaurante, onde se vangloriaram publicamente de suas proezas, com muitos detalhes, e que assim a notícia se espalhou pela região.

No quarto ou no quinto dia da minha reclusão, sem comer nem dormir, estou recitando incansavelmente o Corão, e pela primeira vez as lágrimas correm. Por fim eu choro. Meu corpo e minha cabeça, esgotados e ressequidos, libertam-se em lentos regatos de lágrimas.

Eu nunca fui dada a demonstrar meus sentimentos. Quando criança, era alegre, despreocupada, estava sempre pronta para brincadeiras inconseqüentes e costumava rir sem parar. Lembro-me de só ter chorado uma vez, quando tinha mais ou menos 10 anos. Um pintinho que fugiu, perseguido por meus irmãos e irmãs, acabou caindo no fogo onde eu estava cozinhando os *chapatis*, sem que eu conseguisse impedir. Não consegui salvá-lo. Joguei água no fogo, mas já era tarde. Ele morreu queimado diante dos meus olhos. Convencida de que a culpa era minha, de que fora descuidada na tentativa de apanhá-lo, chorei o dia inteiro pela morte horrível daquele animalzinho inocente. Nunca esqueci aquele sentimento de culpa, ele me perseguiu e até hoje eu o carrego. Se não tivesse tentado apanhá-lo, talvez ele se tivesse se salvado, crescido e continuado a viver. Eu tinha a sensação de ter cometido um pecado, matando um ser vivo. Chorei por aquela ave morta, torrado em alguns segundos, exatamente como choro hoje por mim própria. Sinto-me culpada por ter sido violada. É um sentimento terrível, pois a culpa não é minha. Eu não queria que o bichinho morresse, exatamente como nada fiz para sofrer essa humilhação. Meus estupradores não se sentem culpados, eles, não. E eu não consigo esquecer. Não posso falar com ninguém sobre o que me aconteceu. É algo que não se faz. Mas, de qualquer maneira, eu não conseguiria. Reviver aquela noite pavorosa seria insuportável, trato de expulsá-la violentamente da minha cabeça sempre que ela volta. Não quero me lembrar. Mas é impossível.

De repente, ouço gritos na casa, a polícia chegou! Saio do quarto e vejo Shakkur correndo feito louco no pátio, tão desorientado que, sem se dar conta, segue em direção à casa dos Mastoi! E meu pai está correndo atrás dele, igualmente desesperado. Eu é que tenho de acalmá-los e fazê-los voltar.

"Papai, volte! Não tenha medo! Volte, Shakkur!"

Ao ouvir a voz da filha, que não via havia vários dias, meu pai detém-se, no momento em que segurava o filho, e os dois voltam cheios de cautela para o pátio onde os policiais estão esperando.

Estranhamente, não tenho mais medo de nada, e muito menos da polícia.

— Quem é Mukhtaran Bibi?

— Sou eu.

— Aproxime-se! Terá de nos acompanhar à delegacia imediatamente. Shakkur e seu pai também. Onde está seu tio?

Partimos então no carro da polícia, meu tio é apanhado no caminho e somos levados à delegacia do distrito de Jatoï, ao qual está vinculada a aldeia. Lá, somos instruídos a esperar a chegada do delegado. Existem ali várias cadeiras, mas ninguém nos convida a sentar. Parece que o delegado está dormindo.

"Vocês serão chamados!"

Estão presentes alguns jornalistas. Eles me fazem perguntas, querem saber tudo que aconteceu a mim, e de repente eu começo a falar. Relato então os acontecimentos, sem entrar nos detalhes íntimos, que só dizem respeito ao meu pudor de mulher. Cito o nome dos estupradores, descrevo as circunstâncias, explico como tudo começou, com a falsa acusação contra meu irmão. Por mais ignorante que eu seja das leis e do sistema judiciário, que nunca é acessível às mulheres, sinto instintivamente que devo aproveitar a presença desses jornalistas.

Até que chega à delegacia uma pessoa da família, esbaforida. Os Mastoi ficaram sabendo que eu estava na polícia e ameaçaram.

Não diga nada. Vão pedir que assine um relatório policial, mas você não deve assinar. Você tem de ficar de fora desse caso. Se voltar para casa sem registrar queixa, eles nos deixarão tranqüilos, caso contrário...

Eu decidi lutar. Ainda não sei por que a polícia veio nos buscar. Só mais tarde eu ficaria sabendo que nossa história rapidamente foi divulgada pelos jornais do país, graças ao primeiro artigo local. Agora ela já é conhecida até em Islamabad, e mesmo em outras partes do mundo! O governo da província de Punjab, preocupado com toda essa publicidade, ordenou à polícia local que produzisse o mais rápido possível um relatório. Pela primeira vez, integrantes de uma jirga ordenavam um estupro coletivo como punição, passando por cima da opinião do mulá.

Desinformada das leis e dos meus direitos, a tal ponto que, como a maioria das mulheres analfabetas, nem sabia que os tinha, pressinto agora que minha vingança pode tomar um rumo diferente do suicídio. Que me importam as ameaças ou o perigo... Não me pode acontecer nada mais grave, e meu pai, surpreendentemente, fica ao meu lado.

Se eu tivesse instrução, se soubesse ler e escrever, tudo seria mais simples. Mas estou me empenhando agora, e minha família me acompanha, num caminho novo, sobre o qual nada sei ainda. Pois a polícia em nossa província está diretamente submetida às castas superiores. Os policiais se comportam como guardiões ferozes da tradição, aliados das forças tribais. Uma decisão tomada por uma jirga, seja qual for, está de acordo com os seus princípios. É impossível acusar uma família influente em algum assunto que ela considere da aldeia, sobretudo quando a vítima é uma mulher. A polícia quase sempre coopera com o culpado, não o considerando como tal. Uma mulher não passa de um objeto de troca, do nascimento ao casamento. De acordo com os costumes, não tem direito algum. Eu fui criada assim, e ninguém nunca me disse que existia no Paquistão uma Constituição, que havia leis e direitos escritos num livro. Nunca vi um advogado nem um juiz. Essa justiça oficial me é completamente estranha, estando reservada às pessoas ricas e instruídas.

Não sei até onde me levará essa decisão de apresentar queixa. Por enquanto, ela me serve de apoio para sobreviver, dotando minha revolta e minha humilhação de uma arma desconhecida, mas que me parece preciosa, pois é a única de que disponho. É a justiça ou a morte. Talvez as duas. E quando um policial me mandou entrar sozinha numa sala, por volta das 10 horas, deixando-me de pé à sua frente, e começou a escrever as respostas às perguntas que me fazia, fui invadida por um outro sentimento: a desconfiança.

Ele se levantou três vezes para ir ao encontro do chefe, que não pude ver. A cada uma delas, voltava para escrever três linhas, embora eu tivesse falado muito tempo. No fim, mandou que eu pusesse o dedo na tinta e o calcasse no pé da página, como assinatura.

Mesmo sem saber ler, mesmo sem ter ouvido o que ele perguntava ao chefe, eu entendi que ele havia anotado em meia página apenas o que lhe era dito por ele. Em outras palavras, o chefe da tribo dos Mastoi. Eu não podia ter certeza, mas era o que dizia meu instinto. Ele nem se deu ao trabalho de ler para mim o que havia escrito. Eram 2 horas da manhã, e eu acabara de deixar minhas impressões digitais num documento afirmando simplesmente que nada havia acontecido, ou que eu mentira. Nem me dei conta de que ele registrara uma data falsa no relatório. Estávamos no dia 28 de junho, e ele pôs a data do dia 30. Preferiu conceder-se dois dias de prazo, não tinha para ele a menor urgência.

Ao sair da delegacia de polícia de Jatoï, precisávamos conseguir um meio para voltar para casa, a quilômetros de distância. Havia alguém com uma motocicleta. Normalmente, ele concordaria em nos transportar — esse meio de locomoção é muito comum —, mas se recusou a nos levar, a Shakkur e a mim, com medo de encontrar gente dos Mastoi no caminho.

"Posso levar seu pai, mas só ele."

O primo que viera nos avisar das ameaças na aldeia foi obrigado a nos acompanhar, mas deu uma volta para não passar pelo caminho habitual.

A PARTIR DAQUELE MOMENTO, NADA MAIS SERIA HABITUAL. EU MESMA já estava diferente. Não sabia como haveria de lutar e obter justiça como forma de vingança, mas o novo caminho estava na minha cabeça, único possível. Dele dependiam minha honra e a de minha família. Ainda que tivesse de morrer, eu não morreria humilhada. Sofrera durante vários dias, pensara em me matar, chorara muito... Mas estava mudando de comportamento, embora me julgasse incapaz disso.

Enveredando por essa trilha inextricável da lei oficial, desfavorecida por minha condição de mulher, por meu analfabetismo, eu só tinha à minha disposição, além de minha família, uma única força: a revolta.

Ela era tão poderosa quanto fora total a minha submissão.

UM JUIZ DIFERENTE

São 5 horas da manhã quando finalmente chegamos de volta em casa, e eu estou esgotada por aquela experiência. É num momento assim que uma mulher modesta da minha condição fica fazendo perguntas a si mesma. Desejando saber, por exemplo, se estou certa em querer sacudir a ordem estabelecida pela tradição tribal. Sei agora que a decisão de me violar foi tomada na presença do conselho da aldeia. Meu pai e meu tio puderam ouvi-la, assim como os outros aldeões. Minha família esperava que houvesse finalmente um perdão. Na verdade, caímos todos na mesma armadilha, e eu já estava previamente condenada.

Quaisquer que sejam meus temores e dúvidas, agora é tarde demais para recuar. Os homens de Punjab, Mastoi, Gujjar ou Baluques, não se dão conta de como é doloroso, insuportável, para uma mulher ter de contar o que agüentou. E, no entanto, eu não forneci detalhes àquele policial. A simples palavra "estupro" é suficiente. Eles eram quatro. Faiz deu a ordem. Eu vi o rosto deles. Eles me atiraram para fora, eu cobri meu corpo seminu dos olhos dos outros homens e caminhei. O resto é um pesadelo que tento tirar da minha cabeça.

Eu não suportaria ter de contá-lo outras vezes. Pois é o mesmo que revivê-lo sempre. Se pelo menos pudesse confiar em alguém — com uma mulher, isso seria menos doloroso. Infelizmente, na polícia e na justiça, só há homens, sempre homens.

E ainda não acabou. Mal chegamos de volta à casa e a polícia aparece de novo. Dessa vez, sou levada à delegacia do cantão, para "formalidades".

Fico pensando que, como a notícia já saiu na imprensa, talvez eles estejam temendo a chegada de outros jornalistas e que o caso, o meu caso, vá ainda mais longe. Mas não tenho certeza de nada em minha cabeça. Movimentar meu corpo é difícil, enfrentar os olhares, humilhante. Como dormir, comer e beber depois dessa provação? E, no entanto, eu caminho, vou avançando, entro no carro, com o rosto coberto, sem sequer olhar para o caminho. Sou outra mulher.

Estou sentada no chão num compartimento vazio, na companhia de outras pessoas que não conheço. Ignoro completamente o que estou fazendo aqui, o que me espera, e ninguém vem me buscar para me fazer perguntas.

E como ninguém fala comigo nem me explica nada, tenho tempo de ficar pensando na maneira como as mulheres são tratadas. Os homens "sabem", cabe a nós apenas calar e esperar. Para que nos informar? São eles que decidem, reinam, agem, julgam. Fico pensando nas cabras amarradas no pátio, para que não se percam na natureza. Tenho aqui o mesmo valor que uma cabra, mesmo sem trazer uma corda no pescoço.

O tempo vai passando e vejo então meu pai e Shakkur chegarem, que vieram ver o que está acontecendo. Eles são conduzidos pelos policiais à mesma sala que eu. Ficamos ali até anoitecer, sem coragem de falar, e ao pôr-do-sol os policiais nos levam para a aldeia de carro. Nenhum interrogatório, nenhuma "formalidade". Tenho a sensação de estar sendo mantida à distância de algo, sem saber o que é, como sempre. Quando eu era criança, e depois mocinha, podia apenas aguçar o ouvido para tentar captar o que os adultos diziam. Não podia fazer perguntas nem tomar a iniciativa de dizer alguma coisa, apenas esperar até entender o que estava acontecendo ao meu redor, fazendo uma montagem com as palavras dos outros.

No dia seguinte, às 5 horas da manhã, a polícia está de volta. Sou conduzida ao mesmo lugar, no mesmo compartimento, e ali fico o dia inteiro, até ser levada de volta para casa ao pôr-do-sol. No terceiro dia, tudo se repete. A mesma cela, mais uma vez o dia inteiro sem fazer nada. Eu não tinha certeza de que esse confinamento se devia à presença de jornalistas no setor, mas pude confirmá-lo mais tarde. Se eu soubesse, teria me recusado a acompanhar a polícia, não teria saído de casa. Nesse terceiro e último dia, à noite, a polícia levou meu pai, Shakkur e o mulá à mesma delegacia. Não pude vê-los, pois havia dois compartimentos separados, como entendi depois: um do setor penal e outro, criminal. Eu estava confinada no setor penal, e os outros, no criminal. Depois eles me contaram o que aconteceu. Os três foram interrogados antes de mim para dar sua versão do caso, e vieram me buscar por último. Quando cruzei com o mulá ao sair, ele me disse de passagem:

— Preste atenção! Eles escrevem o que a gente diz do jeito que querem.

Era a minha vez, e mal entrei no gabinete do chefe, responsável por todo o cantão, entendi tudo.

— Você sabe, Mukhtar, todo mundo conhece Faiz Mastoi muito bem, ele não é muito mau, mas você o está acusando. Por que o está acusando? Isto não serve para nada!

— Mas Faiz disse: "Aí está ela, façam o que quiserem!"

— Nunca diga isso. Não foi ele que disse isso.

— Foi sim! E os outros me agarraram pelo braço e eu fiquei gritando socorro, implorei...

— Tudo que você disse até agora, eu vou escrever, e depois lerei para você o relatório preliminar. Mas amanhã vou levá-la perante o tribunal, e diante do magistrado você vai ter muito cuidado, muito cuidado, vai dizer exatamente o que vou lhe dizer agora. Já preparei tudo, e sei que será bom para você, para sua família e para todo mundo.

— Eles me estupraram!

— Você não deve dizer que foi estuprada!

Sobre a mesa dele há um papel, no qual já escreveu algo. Como saber o que está escrito ali?

Se ao menos eu soubesse ler. Ele viu meu olhar e fez zombaria.

— Você não pode citar o nome de Faiz. Não pode dizer que foi estuprada. Não pode dizer que foi ele quem ordenou alguma coisa, ou que fez alguma coisa.

— Mas ele estava lá!

— Você pode dizer que Faiz estava lá, sim: isto já sabemos. Mas afirmar que foi Faiz que deu ordem, não! Você deve dizer que Faiz falou, por exemplo: "Aí está ela, que seja perdoada!"

Então eu fiquei irritada. Saí da sala, furiosa.

— Eu sei perfeitamente o que devo dizer, e aliás já disse! Não preciso ficar ouvindo essas histórias!

E fui parar no corredor, disposta a sair dali. Humilhada e revoltada. Estava perfeitamente claro na minha cabeça: aquele policial queria a todo custo que eu inocentasse Faiz. Achava que podia me impressionar até eu desistir. Pois então conhece Faiz? E acha que ele não é "muito mau"? Metade da aldeia sabe do que ele é capaz. Meu tio também sabe, assim como meu pai. Shakkur e eu somos vítimas dele, e quando não é "muito mau", como diz esse policial, ele se limita a impedir as pessoas da minha casta de comprar alguns metros de terreno, para ficar com eles. É isso o poder feudal. Começa pela terra e acaba em estupro.

Eu posso ser pobre e analfabeta, talvez nunca tenha me intrometido nos negócios dos homens, mas tenho ouvidos para ouvir e olhos para ver. E também tenho boca para falar e dizer o que tenho a dizer!

Apareceu um policial atrás de mim. Ele me afasta do meu pai e do mulá, que continuam esperando em frente à porta da outra sala.

— Venha, venha, ouça bem... Acalme-se, Mukhtaran Bibi. Ouça, você precisa repetir o que estamos dizendo, pois é melhor para você, e melhor para nós.

Nem tive tempo de responder. Um outro policial empurra meu pai, o mulá e Shakkur para a sala, dizendo:

— Vamos, temos de tomar imediatamente uma providência, vocês vão assinar e o resto a gente preenche!

Pega então três papéis em branco e se fecha na sala com os três homens.

Não demora nada, e sai de novo, vindo em minha direção:

— Seu pai, o mulá Razzak e Shakkur concordaram, eles assinaram, e nós cuidaremos de preencher o resto. A quarta página é para você, faça então como eles, ponha o dedo para assinar. E nós escreveremos no papel exatamente o que você disse, não tem o menor problema. Dê o polegar!

O mulá assinou, e eu confio nele. Faço então o que o policial me pede, e levo meu polegar à parte inferior do papel branco.

— Muito bem. Viu só? É apenas uma formalidade. Daqui a pouco vamos levá-la ao tribunal, à presença do juiz. Espere aqui.

Por volta das 19 horas, depois que o sol se pôs, somos levados em dois carros da polícia. O mulá sozinho no primeiro e nós três no outro. No caminho, os policiais recebem uma mensagem do juiz, explicando que ele não poderá ir ao tribunal porque tem convidados em casa. Pede então que sejamos levados à sua casa. Quando chegamos lá, ele muda de idéia.

"Não, aqui não vai ser possível, gente demais. Pensando bem, é melhor fazer isso no tribunal. Vão na frente com eles, eu vou em seguida!"

Ficamos esperando do lado de fora, em frente à porta do tribunal, e quando o juiz chega vejo que um outro carro da polícia está trazendo também Faiz e mais quatro pessoas, que não consigo identificar no escuro da noite. Pude reconhecer apenas Faiz, mas suponho que os outros são os que me violaram.

Eu não sabia que eles tinham sido convocados. Por causa dos policiais, nós não nos falamos. Shakkur parece triste, acabrunhado. Traz no rosto as marcas do que sofreu, embora o sangue já não esteja correndo. Até agora, meu irmão só se abriu com o meu pai. Espero que ele também seja capaz de se defender. Mas ele ainda é uma criança, muito pequeno para enfrentar a polícia e um tribunal no mesmo dia. Fico tentando imaginar se também não foi instruído, como eu, a não acusar ninguém.

Felizmente meu pai está ali. Ele nos protege, como sempre fez, ao contrário de certos pais que não hesitariam em sacrificar o filho ou a filha para não se arriscar a enfrentar problemas. Ele me apoiou no divórcio, logo que percebeu que o homem escolhido para ser meu marido não era correto, que era um inútil incapaz de cumprir seus compromissos. Ele se manteve firme, como eu, até que eu conseguisse o *talaq*. O talaq só pode ser dado pelo marido, significa que ele aceita o divórcio. Sem isso, uma mulher não pode se divorciar: seria preciso justificar o pedido perante um juiz, o que custa caro e nem sempre é permitido. Recuperei minha liberdade graças ao meu pai e à minha obstinação, a única força de que dispomos frente aos homens. E meu pai acreditou que, de acordo com a lei tribal, num conselho de aldeia, Faiz deveria conceder o perdão. Essa lei está escrita em algum lugar, segundo me disse. Mesmo quando se trata de assassinato, numa questão de família, o perdão é possível. Na verdade, essa lei favorece o mais forte: ele pode perdoar uma ofensa, mas não é obrigado a fazê-lo. E os Mastoi são mais numerosos, eles dominam o conselho.

Como os Mastoi não perdoaram, eu também não perdôo. A ofensa que eles alegam ter sofrido não se compara à que eu e meu irmão sofremos. Não são só os Mastoi que têm honra.

Estou na presença do juiz; dessa vez, sou a primeira a ser interrogada. É um homem distinto, muito polido — o primeiro a pedir uma cadeira extra, para que eu possa me sentar. E, em vez de se acomodar em seu trono de magistrado, ele se senta à minha frente, do outro lado da mesa. Pede também uma garrafa d'água e copos. Eu bebo junto com ele e fico agradecida, pois o dia foi muito duro.

— Ouça, Mukhtar Bibi, não esqueça que você está diante de um juiz. Diga-me exatamente a verdade, tudo que aconteceu. Não tenha medo. Eu preciso saber o que se passou com você. Aqui, você está sozinha comigo e com o meu assistente, que vai anotar o que você tem a dizer. Estamos num tribunal, e eu estou aqui para saber. Fale com toda a confiança.

Eu começo então meu relato, com toda a calma possível, mas com a garganta apertada. Contar um estupro é uma provação, e ele me estimula, lembrando constantemente:

— Preste atenção, eu preciso saber a verdade. Nada de pressão, nada de pânico, conte-me tudo.

Eu realmente me sinto confiante. Pela maneira como ele se expressa, tenho o pressentimento de que esse homem é imparcial. Sua atitude não é como a dos policiais, ele não começou me ameaçando, nem falando no meu lugar; quer apenas a verdade. E ouve com atenção, sem desdém. Quando percebe que começo a tremer ou transpirar de emoção, que entro em pânico, ele interrompe:

— Acalme-se, não há pressa. Tome um copo d'água.

A SESSÃO DUROU UMA HORA E MEIA. ELE QUIS SABER TODOS OS DETALHES do que aconteceu naquele maldito estábulo. Eu contei tudo. Tudo que ainda não havia contado a ninguém, nem mesmo a minha mãe. Depois ele foi se sentar no lugar do juiz.

— Você fez bem em me contar a verdade. Deus decidirá.

Agora ele está tomando notas, em silêncio, e eu estou tão cansada que repouso a cabeça na mesa. Eu queria dormir, voltar para casa e que não me fizessem mais perguntas.

Agora o juiz manda entrar o mulá Razzak, dirigindo-se a ele polidamente, como fizera comigo.

— Preciso saber a verdade. O senhor é um homem de responsabilidade, conto com sua colaboração. Não deve esconder nada de mim.

O mulá começa a falar, mas logo depois eu já quase não ouço nada. Finalmente, acabei caindo abruptamente no sono, morta de cansaço, e não me lembro de mais nada. Quem entrou em seguida, o que foi que disseram... completamente apagado. Só recobrei a consciência quando meu pai me acordou.

— Mukhtar, vamos embora, vamos! Temos de ir.

No momento em que eu ia sair da sala, o juiz levantou-se, caminhou na minha direção e, em sinal de consolo, pôs a mão na minha cabeça.

— Agüente firme. Coragem. Agüentem firme todos vocês.

A polícia finalmente nos levou para casa. Não voltei a ver Faiz e os outros ao sair, e não sei se eles foram interrogados depois de nós. Mas já no dia seguinte havia jornalistas diante de minha casa, além de homens e mulheres desconhecidos, representantes de organizações dos direitos humanos. Não sei como foi que chegaram, quem foi que os informou. Encontrei até o representante da televisão inglesa, a BBC, um paquistanês que vinha de Islamabad. Eram tantos, os estrangeiros, que eu já nem sabia quem ou o que eles representavam. O vaivém era diário. Nossa casinha nunca tinha sido tão procurada — as galinhas corriam pelo pátio, o cão latia e aquela gente toda ficou girando ao meu redor durante quatro dias.

Eu falava sem apreensão, exceto quando alguém queria saber sobre muitos detalhes. Eu entendia que aquela efervescência na aldeia só poderia me proteger das ameaças dos meus vizinhos, cuja fazenda pode ser vista da nossa casa. Se aquela gente toda queria saber o que havia acontecido, era porque eu simbolizava na minha região a revolta de todas as outras mulheres violentadas. Pela primeira vez, uma mulher se tornava um símbolo.

Aprendi deles coisas que não sabia: os dramas reproduzidos nos jornais, outros estupros, outras violências. Leram para mim um relatório entregue por associações a autoridades de Punjab, afirmando que, no mês de junho, mais de 20 mulheres haviam sido violadas por 53 homens! Duas mulheres haviam morrido: a primeira tinha sido assassinada por seus estupradores, com medo de serem denunciados, e a outra se suicidara de desespero no dia 2 de julho, quase o mesmo em que eu havia sido interrogada pelo juiz. Essa mulher decidira morrer porque a polícia não conseguiu deter seus agressores. Tudo isso fortalecia minha decisão de continuar no meu caminho, de seguir a trilha da justiça, da verdade, apesar das pressões da polícia, apesar da "tradição" que manda as mulheres se calarem no sofrimento, e que os homens façam o que quiserem.

Eu não pensava mais em suicídio.

Uma militante paquistanesa me explicou:

"No nosso país, metade das mulheres sofre violências. São obrigadas a casar, estupradas ou, então, são usadas pelos homens como moeda de troca. Não importa o que elas pensam, pois, para eles, o principal é que elas não reflitam. Eles não querem que elas aprendam a ler e escrever, que fiquem sabendo como anda o mundo ao seu redor. Por isso é que as mulheres analfabetas não podem se defender: não conhecem os seus direitos e são obrigadas a repetir o que lhes mandam dizer para tentar calar sua revolta. Mas nós estamos aqui com você, coragem."

Foi exatamente o que tentaram fazer comigo. "Você vai dizer o que eu estou mandando dizer, porque é bom para você..."

Um jornalista me disse que a imprensa havia revelado um outro fato implicando Faiz. A polícia teria registrado uma outra queixa de uma mãe de família, envolvendo sua filha, que teria sido seqüestrada por ele naquele mesmo ano, estuprada várias vezes e libertada quando a imprensa local começou a falar do meu caso.

Meus ouvidos estão zunindo de tantas novidades, e meus olhos vêem tantos rostos...

Eu só estou aparecendo nos meios de comunicação por causa de minha iniciativa na justiça, e também porque, pela primeira vez na província, o chefe de uma jirga autorizou um estupro coletivo — ou pelo menos era a primeira vez que a coisa vinha a público. E de certa forma eu sou o símbolo de uma história que na verdade envolve milhares de mulheres paquistanesas.

Minha cabeça está girando, finalmente tenho a impressão de ver com clareza ao meu redor. Além da minha aldeia, além da província, até Islamabad, existe todo um mundo ignorado. Na infância, eu nunca fora além de uma aldeia onde viviam primos e amigos da família. Lembro-me de um tio que às vezes vinha nos visitar. Ele morava em Karachi desde pequeno. Minhas irmãs e eu ficávamos ouvindo-o falar sobre o mar, os aviões, as montanhas e as pessoas que vinham de fora. Eu devia ter sete ou oito anos, e não entendia muito bem aquelas coisas estranhas. Eu sabia que aqui, na minha aldeia, era o Paquistão, e o tio dizia que, na direção Oeste, havia outros países, como a Europa. Eu só tinha ouvido falar dos ingleses, que haviam ocupado o nosso país, mas nunca tinha visto um deles. E não sabia que havia "estrangeiros" vivendo no Paquistão. Nossa aldeia fica tão distante das cidades, no Sul da província, e eu só havia visto televisão no dia em que o tio de Karachi trouxe uma... Ficara fascinada com aquelas imagens. Não entendia quem estava por trás daquela coisa estranha que falava ao mesmo tempo que eu, embora não houvesse mais ninguém na sala.

Essas câmeras que estão me filmando são da televisão. Esses fotógrafos são dos jornais.

Dizem na aldeia que eu sou "manipulada" pelos jornalistas, que eles me usam para escrever artigos cada vez mais incômodos para o governo do Punjab. Que devia me envergonhar de fazer o que estou fazendo, em vez de me suicidar ou me enterrar viva. Mas esse mundo de gente que vem de toda parte está me ensinando muita coisa. Por exemplo, que haveria na realidade, por trás do estupro do meu irmão e depois do meu, uma manobra dos Mastoi para nos expulsar do território. Os Gujjar os incomodam. Eles não querem que camponeses da nossa casta comprem terras que lhes pertencem. Não sei se é verdade, mas na minha família tem gente que acredita nisso, pois nós somos mais pobres que eles, minoritários, sem nenhum apoio político, e para um Gujjar é muito difícil comprar terras.

No fim, esses quatro dias de agitação com a imprensa me fazem perceber cruelmente que terrível entrave é não ser capaz de ler nem escrever. Nem poder formar opinião própria sobre os assuntos importantes. No momento, eu sofro as conseqüências disso. Mais que da relativa pobreza da minha família, pois comida não nos falta. Para sobreviver, temos dois bois, uma vaca, oito cabras e uma plantação de cana-de-açúcar. O que me deixa louca é não saber nada do que está escrito. Meu único tesouro é o Corão. Ele está inscrito em mim, em minha memória, é meu único livro.

E, por sinal, não tenho mais recebido as crianças às quais ensinava a recitá-lo, tal como eu havia aprendido, embora eu fosse respeitada por isso. A aldeia me mantém à parte, no momento. Confusão demais, jornalistas demais vindos das cidades, máquinas fotográficas e câmeras demais. É muito escândalo. Para uns, eu sou quase uma heroína, para outros, uma empestada, uma mentirosa que ousa insultar os Mastoi. Para lutar, portanto, eu teria de perder tudo. Minha reputação, minha honra, tudo que representa minha vida. Mas não tem importância. Eu quero a justiça.

No quinto dia, o prefeito do departamento manda me chamar. Dois representantes da polícia vieram me avisar. Somos todos levados a Muzaffargarh: meu pai, Shakkur, o mulá e eu. Eu esperava que as "formalidades" tivessem acabado por enquanto e que a justiça fizesse sua parte. Ao chegar ao gabinete do prefeito, no entanto, eu vejo os dois oficiais da delegacia, aqueles que queriam que eu dissesse "o que era preciso dizer". Será que vão recomeçar as pressões? Faço uma careta de desconfiança. Já agora, facilmente me irrito. Eu confiei no mulá e no meu pai ao deixar minhas impressões digitais naquele papel. Agora, estou achando que foi uma armadilha.

O prefeito pede-lhes que se retirem para falar sozinho comigo.

— Minha filha, você tem algum problema com esses homens ou alguma coisa a recriminar-lhes?

— Eu não tenho problemas, apenas que um deles exigiu que eu pusesse o polegar em um papel em branco. Ele tinha preparado um papel para o meu irmão, um para o mulá e outro para o meu pai. E ninguém sabe o que há nessas folhas.

— Ah, sim?

Ele fica espantado e me observa atentamente.

— Você sabe o nome de quem fez isso?

— Não sei. Mas posso reconhecê-lo.

— Muito bem. Vou mandar que eles voltem aqui, e você vai apontá-lo.

Ele manda então chamar os dois. Eu não sabia que eles ocupavam o cargo de subchefes de polícia do cantão. Mas aponto para o homem em questão. O prefeito faz sinal que se retirem, sem dar uma palavra, e se dirige a mim.

— Vou cuidar dele. Parece que eles esqueceram o relatório que tinham preparado para mim. Seja como for, não estão muito bem informados sobre o conteúdo. Mandei que o encontrassem e o trouxessem a mim. Vocês serão convocados mais tarde.

TRÊS OU QUATRO DIAS DEPOIS, A POLÍCIA LOCAL VEM NOS AVISAR, E NA manhã seguinte somos levados para uma outra audiência.

Dessa vez, não é o prefeito que nos espera em Muzaffargarh, mas o médico do hospital. Pois nesse intervalo os Mastoi apresentaram uma queixa. Levaram sua filha Salma para que declarasse à polícia que havia sido violada pelo meu irmão. O médico vai examinar Salma e Shakkur. E ela realmente chega quase ao mesmo tempo que nós, num outro furgão da polícia. De minha parte, ainda não sei o que estou fazendo ali. Como mulher, sei que já é tarde demais para examinar Salma. Eu mesma fui examinada no dia 30 de junho, oito dias depois do que aconteceu. Eu, certamente, devia ter ido à polícia antes, mas naquele momento não me sentia capaz.

Os policiais levaram minhas roupas, que minha mãe mandara lavar. Apesar disso, fiquei sabendo depois que o médico havia constatado o que eu sabia — ferimentos íntimos — e estava convencido de um estupro, embora nada me tivesse dito então. Fiquei satisfeita de saber que ele pudera constatar através de seu exame que eu não era louca nem desorientada! Já o sofrimento íntimo da humilhação ninguém pode qualificar. Tanto mais que, por orgulho ou pudor, eu não falo a respeito.

No caso de Salma, que afirma ter sido violada no dia 22 de junho, já é um pouco tarde. A não ser que ela fosse virgem, o que não acredito. De modo que o médico manda chamar meu irmão para um teste simples. Ele estima sua idade entre 12 e 13 anos no máximo, o que meu pai também já sabia.

Quanto a Salma, eu não estava presente quando foram feitos os exames, naturalmente, mas fiquei sabendo muito depois, por intermédio de comentários da aldeia, que ela mudou de repente sua versão quando o médico-chefe explicou que havia sido incumbido de comparar o teste de Shakkur com o material que recolheria nela.

— Shakkur? Não, não foi ele que me violou! Ele me segurava pelos braços, mas foram seu irmão mais velho e seus três primos que me violaram!

O médico apertou os olhos, surpreso.

— Mas o que é que está dizendo? Um menino de 12 anos teria força para segurar você pelos braços, sozinho, enquanto os três outros a violavam? Está zombando de mim?

Ainda assim, ela foi examinada pela equipe de médicos. Eles estimaram sua idade em aproximadamente 27 anos, esclarecendo que ela já não era virgem cerca de três anos antes. E que fizera um aborto nesse período. E por fim, na opinião dos médicos, a última relação sexual era anterior ao suposto estupro ocorrido a 22 de junho.

Não sei exatamente como fazem os médicos para saber, mas todo dia aprendo coisas novas. O que eles fizeram no caso do meu irmão chama-se teste de DNA. Shakkur não violou Salma.

Ele simplesmente estivera simultaneamente com ela na plantação de cana-de-açúcar, em dado momento, e os Mastoi se aproveitaram disso. Todos os jornais dizem que ele estava apaixonado. Um olhar é suficiente para que alguém seja acusado de estar apaixonado. Uma moça deve abaixar a cabeça. Mas Salma faz o que quer. Ela não teme que os olhos se voltem para ela, e chega mesmo a provocar os olhares.

Até então, minha vida de professora dos textos sagrados estava muito distante de todas essas baixezas. Eu e minhas irmãs fomos criadas por nossa família no respeito das tradições, e, assim como todas as meninas, já por volta dos 10 anos eu sabia que era proibido falar com os meninos. Nunca ultrapassei a barreira dessa proibição. Só vi o rosto do meu noivo no dia do casamento. Se pudesse decidir, não o teria escolhido, mas, por respeito pela família, obedeci. Já Salma é considerada solteira. Sua família armou uma tramóia. Sua tribo acusa meu irmãozinho de ter roubado cana-de-açúcar e de ter tido relações sexuais com ela, e agora está dizendo que não teria sido ele quem a violou, mas que ela seria vítima de meu irmão mais velho e de nossos primos... Por mais que eu tenha coragem, às vezes fico sem forças diante de todas essas mentiras. Que fazer para conseguir uma justiça equânime se essa gente, meus vizinhos, está o tempo todo bordando essa história como um xale que mudasse diariamente de cor?

Eu sei o que tive de agüentar e o que o meu irmão agüentou.

Ele declarou ao juiz que foi capturado e sodomizado por três homens dessa família, que gritou e esperneou: "Vou contar ao meu pai, vou contar à polícia!", e que então os homens ameaçaram matá-lo, se ele falasse. Depois o arrastaram à força para a casa deles, trancaram-no num compartimento, espancaram-no, voltaram a violá-lo e só o entregaram à polícia graças à intervenção de meu pai, que o estava procurando havia horas.

Provar o estupro de uma mulher, segundo a lei do nosso país, é praticamente impossível. São necessárias quatro testemunhas oculares. Tanto no caso do meu irmão quanto no meu, as únicas testemunhas oculares são nossos agressores!

Naquele dia, no hospital, eu não sabia por que tinha sido levada com meu irmão. No início, fiquei achando, no carro da polícia, que na verdade não era para encontrar médicos, mas para ir sozinha ao gabinete do prefeito. No fim das contas, fui parar num gabinete ao lado, o do presidente do conselho geral. Nele, uma senhora me esperava.

Ela é uma mulher ministra, e me explica que foi encarregada pelo governo de me entregar um cheque de 500 mil rúpias!* Por natureza, sou desconfiada, e as circunstâncias me obrigam a sê-lo mais ainda. Receio que seja uma armadilha.

Fico ouvindo as palavras de consolo, olho para aquela mão estendida, apanho o cheque sem sequer conferir o valor — ouvi perfeitamente, e é muita coisa. Quinhentas mil rúpias! Nunca sequer imaginei que pudesse haver tanto dinheiro. Pode-se comprar muita coisa com isso... Um carro, um trator, nem sei mais o quê. Quem é que algum dia teve 500 mil rúpias na minha família? Ou que recebeu um cheque?

---

* O equivalente a 8.500 dólares na época.

Instintivamente, sem pensar muito, eu amasso o papel e o deixo cair no chão. Não é desprezo por aquela senhora ministra, mas pelo cheque.

— Não preciso disso!

Nunca se sabe: se esta senhora me está dando tanto dinheiro, talvez tenha sido enviada por alguém para enterrar o caso. Mas ela insiste, uma primeira vez, depois outra e ainda uma terceira. Está muito bem vestida, parece uma mulher respeitável e não vejo em seus olhos a cor da mentira. Digo então:

— Não preciso de nenhum cheque, preciso de uma escola!

Ela sorri.

— Uma escola?

— Sim, uma escola para as meninas da minha aldeia. Não temos uma escola. Se a senhora realmente insiste, é o que eu digo: não preciso deste cheque, preciso de uma escola para as meninas da nossa aldeia.

— Muito bem, vamos ajudá-la a construir uma escola, mas pelo menos aceite esse cheque, para começar. Divida-o com seu pai, e eu prometo, além disso, construir uma escola. Enquanto isso, você precisará pagar um advogado. E isso custa caro.

Eu sei. Um paquistanês que cuida de uma associação de defesa das mulheres me disse que um bom advogado pode cobrar 25 mil rúpias. E que um processo pode durar muito tempo e que, portanto, ele pode cobrar ainda mais dinheiro. Por isso é que as pessoas modestas, nas aldeias, preferem recorrer à jirga. O conselho ouve as partes, propõe a solução, de acordo com o caso, e a questão é resolvida em um dia. Normalmente, ninguém pode mentir perante a jirga, pois numa aldeia todo mundo se conhece, e o chefe do conselho emite a decisão para que ninguém permaneça inimigo para sempre.

Para minha desgraça, o que tomou a decisão naquele dia, contra a opinião do mulá, chama-se Faiz. E dividiu a aldeia, em vez de reconciliá-la.

De modo que resolvi aceitar o cheque. Depois aquela mulher me fez algumas perguntas, muito gentilmente, e eu tive coragem de dizer-lhe, por ser uma mulher e porque seu rosto me parecia sincero e honesto, que minha vida estava em perigo. Eu não era informada do que estava acontecendo com meus agressores, mas ficara sabendo que eles haviam permanecido detidos durante alguns dias na delegacia e que haviam sido libertados. Todos os homens da família estavam de volta, bem perto de nós e esperando apenas uma coisa: destruir-nos.

— Eles são vizinhos, moram em frente à nossa casa. Existe apenas uma plantação entre nós. Não tenho mais coragem de sair pela estrada. Sinto que eles me espreitam.

ELA NÃO PROMETEU NADA, MAS VI QUE ESTAVA ENTENDENDO A SITUAÇÃO. Tudo aconteceu muito depressa. Mais depressa do que eu seria capaz de entender naquele momento. Os jornais tanto haviam falado da minha história, em quatro dias, que o país inteiro estava sabendo. Até o governo em Islamabad. A senhora ministra era secretária de Estado para Questões Femininas do Paquistão. Essa sra. Attiya, que acabava de me entregar o cheque com a promessa de me ajudar a construir uma escola na aldeia, fora enviada pelo próprio presidente. Minha foto estava em toda parte, e minha história, em todos os jornais do país, e também no estrangeiro. A Anistia Internacional tomara conhecimento.

No dia 4 de julho de 2002, várias associações de defesa dos direitos humanos promoveram uma manifestação exigindo justiça. A justiça criticava a polícia local por ter demorado muito a registrar minha queixa, e por me ter feito assinar um relatório em branco. Eu só havia me apresentado no dia 28 de junho, e eles haviam consignado o dia 30 no relatório, e logo trataram de enterrá-lo. O juiz com quem eu havia falado prestou declarações nesse sentido aos jornalistas, explicando que era impossível que o caso não tivesse chegado ao conhecimento da polícia antes que eu decidisse apresentar queixa, e que a decisão da jirga era uma infâmia. Até o ministro da Justiça declarou à televisão britânica que a decisão da jirga, dominada pela tribo Mastoi, devia ser considerada um ato de terrorismo, que se tratava de um conselho tribal ilegal e que os culpados deviam ser julgados num tribunal antiterrorista. Era um caso de abuso de poder.

Desse modo, o governo do Paquistão considerava que o caso de Mukhtar Bibi se transformara em questão de Estado. Oito homens da tribo já estavam detidos, desde o dia 2 de julho, e a polícia foi intimada a se explicar. Os quatro culpados, foragidos, eram persistentemente procurados, e estavam para ser capturados. Um destacamento de policiais foi mandado para me proteger e à minha família. Por último, a polícia detivera

14 homens da tribo. O tribunal tivera 72 horas para decidir o destino dos supostos culpados.

Era muito estranho. O mundo inteiro conhecia meu rosto, falava da tragédia da minha família. Eu tinha dificuldade para entender tudo aquilo, pois estava tudo indo muito depressa. Voltei para casa com o cheque. A senhora ministra tinha dito que meu pai podia ir ao banco, na cidade de Jatoï, onde o gerente estava avisado de que teria de abrir uma conta em seu nome e no meu. Eu nunca tivera uma conta bancária. Nem meu pai. Tratamos de ir ao banco bem depressa para pôr aquele dinheiro em lugar seguro. Eles só pediram duas assinaturas e deram um talão de cheques a meu pai.

Na mesma noite, voltando para casa, encontramos 15 policiais armados em volta dela. E o governador tinha vindo com pelo menos 50 pessoas, para nos encorajar e me dizer que os culpados seriam punidos. Ele também declarou que me considerava sua filha, e que eu precisava agüentar até o fim, pois seria protegida.

Passada meia hora, ele se foi com seu séquito.

Os pobres policiais seriam obrigados a dormir debaixo das árvores. E também era preciso dar alguma bebida e comida a todas aquelas pessoas. As 500 mil rúpias que meu pai e eu recebemos não duraram muito, pois aquele pequeno exército de policiais ficou lotado durante um ano em frente à nossa casa. O governo pagava apenas os salários.

E COMO SEMPRE HÁ ALGUMA COISA PARA RIR EM TODO DRAMA, CHEgou naquele dia, com muitos outros membros da família, um tio materno que eu não via havia muito tempo. Desde o meu divórcio, pelo menos, sete anos antes. Ele tinha um filho da minha idade, já casado e com filhos. Ele nunca viera fazer um pedido de casamento. Ao me ver com o governador e o cheque, ele o fez em forma de provérbio:

"Um galho quebrado não deve ser rejeitado, precisa ser mantido na família. Se ela estiver de acordo, eu a tomo para meu filho como segunda mulher!"

Eu agradeci, sem comentário, mas a resposta era não. Que ele estava buscando para o filho? O cheque do governo ou eu?

De minha parte, o que eu queria era uma escola.

QUEBRAR O SILÊNCIO

A LEI PAQUISTANESA PERMITE O ENCARCERAMENTO DE TODO HOMEM que se envolver em crime de estupro, tenha participado diretamente ou como testemunha. Eles são julgados de acordo com a lei islâmica. Só que perante um tribunal antiterrorista, o que é absolutamente inusitado nesse tipo de caso. O governo criou um tribunal especial para cinco cantões. No meu caso, foi uma decisão favorável: eu não precisaria provar o estupro com quatro testemunhas oculares. Ele já tinha sido confirmado pelos exames, e alguns homens da aldeia me viram entrar e sair do estábulo, atirada na rua diante de todo mundo.

Minha segurança está garantida. De certa forma, sou prisioneira dela, pois até mesmo meus mais simples deslocamentos são controlados pela polícia.

O tribunal quis examinar todo o dossiê. Era necessária uma decisão rápida para acalmar os ânimos, os meios de comunicação e também a imprensa internacional, que não se eximia de criticar a ausência, numa democracia, de direitos legítimos para as mulheres, por causa da utilização tradicional do sistema tribal. As associações de defesa das mulheres, as ONGs que atuavam no Paquistão e os grupos de defesa dos direitos humanos aproveitavam o meu caso exemplar para lembrar, através dos jornais, histórias que em geral não eram muito conhecidas da população. O país inteiro estava comigo.

"Uma mãe de família que pedia o divórcio por iniciativa própria, pois era submetida pelo marido a atos de violência, foi assassinada no escritório de seu advogado em Lahore. Ele próprio foi ameaçado, e o assassino continua foragido."

"Três irmãos de uma aldeia perto de Sukkur queimaram viva sua cunhada, alegando infidelidade. Salva pelo pai, ela morreu no hospital."

E a lista é longa. Seja em casos de divórcio, pretensa infidelidade ou acerto de contas entre homens, a mulher é que paga o preço mais elevado. Ela é dada a título de compensação por uma ofensa, é violada por um inimigo do marido como represália. Às vezes, basta que dois homens entrem em disputa por um problema qualquer para que um deles se vingue na mulher do outro. Nas aldeias, é muito comum que os próprios homens façam justiça, invocando o princípio do "olho por olho". O motivo é sempre uma questão de honra, e tudo é permitido a eles. Cortar o nariz de uma esposa, queimar uma irmã, violar a mulher do vizinho.

E mesmo quando a polícia os detém, antes que consigam matar, seu instinto de vingança não pára por aí. Sempre há na família homens dispostos a assumir a defesa da honra de um irmão ou de um primo. Sei, por exemplo, que um dos irmãos de Faiz, mais alterado e louco que os outros, não teria tolerado a idéia de que eu fosse perdoada. E ninguém podia impedi-lo. Pelo contrário. Quanto mais extrema a violência, mais eles se sentem obrigados a participar.

Eu não os perdôo, longe de mim, mas tento explicar aos estrangeiros, que me cobrem de perguntas, como funciona a sociedade de Punjab, uma província onde o crime de honra infelizmente é corriqueiro. Eu nasci neste país, estou sujeita a suas leis, e sei perfeitamente que, como todas as outras mulheres, pertenço aos homens da minha família — como um objeto com o qual eles têm o direito de fazer o que quiserem. A submissão é a lei.

O TRIBUNAL ESPECIAL ENTRA EM SESSÃO EM DERA GHAZI KHAN, o centro administrativo, a Oeste do Indus e a mais de três horas de carro da aldeia. Meus agressores serão então julgados por um tribunal antiterrorista. A polícia encontrou armas na casa deles — não, provavelmente, todas de que dispõem, pois antes de serem detidos eles fugiram e tiveram bastante tempo para esconder o que queriam, onde queriam. Não sei se a presença de armas por si só justifica esse tribunal antiterrorista, pois na província muitos homens andam armados. Para mim, a única vantagem é a rapidez do julgamento nesse caso. Num tribunal clássico, o caso poderia durar meses ou anos.

Eu tenho de comparecer diariamente ao tribunal, e para mim é difícil esse vaivém entre Dera Ghazi Khan e Meerwala. Pedi portanto que me instalassem na cidade, e encontraram um abrigo para mim nas redondezas. Não estou muito habituada à cidade, a toda essa poeira, ao barulho nas ruas, às carroças, aos riquixás, caminhões e motocicletas com seu ronco estrondoso. Vou viver aqui durante três semanas.

A PRIMEIRA AUDIÊNCIA TEVE INÍCIO NUMA SEXTA-FEIRA DE JULHO, UM MÊS depois do drama. Essa rapidez era excepcional. Os acusados entraram algemados na sala do tribunal. Quatorze homens, entre eles Ramzan. Nove pelo delito de imobilização do meu pai sob ameaça de armas, Faiz e os quatro outros por estupro. Até hoje, nenhum homem, mesmo criminoso, foi punido por uma vingança ou crime de honra. Eles não acreditam que isso acontecerá, estão convencidos de que sairão novamente livres do tribunal. Faiz e os outros não falam, é o advogado que toma a palavra por eles. Dão-me a impressão de se mostrar menos orgulhosos que de hábito, e não tenho medo de enfrentá-los. Os lobos de ontem tornaram-se cordeiros, mas só na aparência. Eu sei o que passei. Eles já não se vangloriam, como depois do horror que cometeram, não mais o assumem como prêmio de sua "honra" familiar.

Eu rezei antes de vir, como sempre, ao nascer do sol. Acredito na justiça de Deus, talvez mesmo mais que na dos homens. E sou fatalista.

Quatorze homens da tribo Mastoi contra uma mulher de casta inferior... Ninguém tinha visto situação parecida até hoje. Mas eles têm um batalhão de advogados, nove ao todo. Eu tenho três, entre eles um muito jovem e uma mulher. O adversário principal, um advogado da defesa, é um grande orador, monopoliza as audiências e está constantemente me chamando de mentirosa, dizendo que eu inventei tudo.

Afinal, eu sou divorciada, o que me põe no fim da linha das mulheres respeitáveis, segundo eles. Chego a me perguntar se não foi este o motivo que os levou a escolher Mukhtar Bibi para pedir-lhes esse "perdão" encenado. Nunca poderei saber.

Eles alegam ter proposto uma troca de mulheres: Salma por Shakkur e Mukhtar por um homem do clã deles. Segundo eles, meu pai, meu tio e o negociador, Ramzan, teriam recusado! Pelo contrário, o referido Ramzan teria proposto entregar-me a eles para que cometessem em mim o estupro que deixaria as duas partes quites. O que foi rejeitado por meu pai. Esse Ramzan parece-me cada vez mais suspeito. O papel que desempenhou no caso não está claro. Seja como for, segundo eles, eu teria mentido do início ao fim. Não aconteceu nada, ninguém praticou a *zina-bil-jabar** na filha mais velha de Ghulam Farid Jat, meu pai.

---

* Relação sexual sem consentimento (lei hudud).

A defesa tenta me obrigar a provar a ofensa, o que, segundo a lei islâmica, eu tenho mesmo de fazer. Existem duas maneiras de conseguir essa prova. Seja a confissão completa do culpado ou dos culpados perante um tribunal competente — o que nunca acontece... —, seja a apresentação de quatro testemunhas adultas, muçulmanas, conhecidas por sua observância da religião e que sejam consideradas honradas pelo tribunal.

Mas se eu estou num tribunal de exceção, é porque o destino resolveu me mostrar o caminho da justiça. Se esse julgamento for justo, será a minha vingança. E eu já não temo dar testemunho diante desses homens acorrentados e de olhar fugidio, friamente, sem detalhes desnecessários — o depoimento que prestei ao juiz de instrução já consta do dossiê. Eu fui implorar o perdão deles e ouvi a voz de um homem dizendo: "É preciso perdoá-la", e no entanto imediatamente um outro homem adiantou-se e ordenou o estupro. Ninguém se mexeu para me socorrer. Eles eram quatro, violentaram-me um depois do outro e me jogaram para fora num estado humilhante, sob o olhar do meu pai.

Eu acabei de falar. Aparentemente sem tremer, mas com um nó de vergonha no estômago e no coração.

As audiências são realizadas a portas fechadas. Os jornalistas esperam no pátio. Estão presentes apenas os acusados, as testemunhas e os advogados. De vez em quando, o juiz intervém, quando o debate se perde nas disputas entre advogados.

Na última audiência, o presidente estava em condições de emitir o veredicto já no dia seguinte. Mas acontece que eu não estava presente quando ele interrogou o prefeito, o subprefeito — o que me fizera assinar meu depoimento numa folha branca — e seus auxiliares. Segundo eles, meu depoimento da época era diferente do de hoje.

— Eu os convoquei porque todos vocês estavam presentes quando Mukhtar falou, e todos são responsáveis pelo que está escrito nesses papéis.

O prefeito respondeu:

— Senhor presidente, permita-me dizer que foram os outros que inventaram isso. Mukhtar já me falou a respeito, quando esteve no meu gabinete, e o policial que convoquei então me disse: "Nada grave, deve estar no dossiê, vou verificar", mas nunca me trouxe esse dossiê.

O juiz se enfureceu.

— Só isso já me dá vontade de botá-lo na cadeia!

Mas deixou que ele se fosse, e anunciou que as deliberações seriam adiadas.

No dia 31 de agosto de 2002, o tribunal emite seu veredicto numa sessão especial em plena noite. Seis homens são condenados à morte e a 50 mil rúpias de indenização. Quatro deles pelo estupro de Mukhtar Bibi, os dois outros por terem participado, na reunião da jirga, da incitação ao estupro — ou seja,

Faiz, o chefe do clã, e o tal Ramzan, ambos na qualidade de jurados da jirga. Esse Ramzan se fazia passar por negociador em favor da minha família; na verdade, era um hipócrita e um traidor. Fazia de tudo para que os Mastoi conseguissem o que queriam, embora meu pai confiasse nele.

Os oito restantes foram absolvidos.

Do lado de fora, eu me declaro sobriamente satisfeita aos jornalistas que esperavam, mas meus advogados e o procurador da República recorrem da decisão de libertar os oito absolvidos da tribo Mastoi. Os seis condenados, por sua vez, recorrem da sentença de pena de morte. De modo que ainda não acabou, embora eu tenha obtido vitória. Mas os militantes comemoram. O símbolo da luta de Mukhtar Bibi é uma referência para eles.

Posso voltar à minha aldeia de cabeça erguida, sob o discreto xale de costume.

Ainda tenho de construir uma escola, o que não é fácil. Estranhamente, parece, às vezes, que eu perco as forças. Estou emagrecendo, com o rosto cavado de cansaço. Esse drama que se abateu sobre minha vida tranqüila e também essa vitória tonitruante repercutida pela imprensa me deprimem. Estou cansada de falar, de enfrentar os homens e as leis. As pessoas me chamam de heroína, mas eu estou mesmo é cansada. Eu era alegre, gostava de rir, mas não mais; adorava brincar com minhas irmãs, gostava do meu trabalho, dos bordados, de ensinar às crianças, mas hoje estou abatida. Com essa barreira de policiais em frente à minha porta, sou, de certa maneira, prisioneira da minha história, ainda que tenha triunfado sobre meus carrascos.

Os advogados e os militantes me tranqüilizam: a apelação levará muito tempo — um ano ou mesmo dois —, e enquanto isso eu estarei segura. Mesmo os que foram libertados não ousarão sequer olhar com cara feia para mim. É verdade. Com a minha coragem, dizem, eu expus a condição das mulheres do meu país, e outras seguirão meu caminho. Quantas?

Quantas poderão contar, como eu, com o apoio da família? Quantas terão a sorte de que um jornalista relate os fatos, de que as associações de direitos humanos se mobilizem, a ponto de obrigar o governo a intervir? Existem tantas mulheres analfabetas nas aldeias do vale do Indus! Tantas mulheres que serão rejeitadas e deixadas indefesas pelos maridos e pelas famílias, privadas de honra e de rendimentos. Simples assim.

Minha ambição de fundar uma escola de meninas na aldeia é profunda. A idéia surgiu quase divinamente em minha cabeça. Eu buscava uma maneira de educar as meninas, dar-lhes a coragem de aprender. As mães, nas aldeias, não fazem nada para ajudá-las, simplesmente porque não podem. Uma moça tem de ajudar em casa, o pai nem pensa em mandá-la estudar. Por princípio. E o que a gente aprende com a mãe na minha província tão distante? A fazer o *chapatis*, cozinhar o arroz e o *dal*, lavar a roupa de cama, pendurá-la no tronco das palmeiras para secar, cortar a grama, o trigo, a cana-de-açúcar, preparar o chá, pôr os menores para dormir e buscar água na bomba. Uma mãe fez tudo isso antes de nós, e, antes dela, sua mãe também. Até que chega a hora de casar, fazer filhos, e tudo vai continuando assim, de mulher em mulher.

Mas, nas cidades, e mesmo em outras províncias, existem mulheres que estudam, tornam-se advogadas, professoras, médicas, jornalistas — eu conheci várias delas. E não me pareceram nada indignas. Respeitam os pais, o marido, mas têm direito à palavra, pois sabem. Para mim, é simples, temos de dar o conhecimento às meninas, e o mais rápido possível, antes que sejam educadas pela mãe exatamente do mesmo modo.

Nunca esquecerei a reflexão do policial que interpelou o prefeito no momento em que eu ia prestar o meu depoimento:

"Deixe-me explicar, ela não sabe falar..."

Eu reagi. Por que tenho fibra? Por que fui humilhada? Por que de uma hora para outra me senti livre para falar? Por todos esses motivos ao mesmo tempo. Mas vou fazer com que as meninas aprendam a ler, e eu mesma aprenderei. Nunca mais assinarei uma folha em branco com as impressões digitais do meu polegar.

Houve um momento em que tive vontade de construir um pequeno hospital em recordação dos sofrimentos da minha irmã, que morreu de câncer por falta de tratamento adequado. Mas isso custaria mais caro que uma escola — contratar médico, enfermeira, conseguir remédios para distribuição gratuita, um verdadeiro quebra-cabeça. Quando me vi diante da representante do governo, instintivamente eu disse "escola", embora antes daqueles acontecimentos não tivesse pensado nisso. Pois o fato é que, naquele drama, eu me sentia manietada, impotente diante dos acontecimentos. Se tivesse tomado conhecimento do que o policial havia escrito, as coisas teriam sido diferentes. Ele teria tentado me manipular de outra maneira, mas não a esse ponto.

Em certas regiões, a polícia e os altos funcionários são prisioneiros do sistema tribal, controlado pelos grandes fazendeiros. Afinal, são eles que mandam. Eu posso me considerar uma sobrevivente desse sistema, graças à minha família, aos meios de comunicação, a um juiz clarividente e à intervenção do governo. Minha única coragem foi falar, embora me tivessem ensinado o silêncio.

Aqui, uma mulher não determina sua própria vida. Quando vive na casa dos pais, participa de tudo que os pais querem. Uma vez vivendo com o marido, faz tudo que ele manda. Quando os filhos crescem, chega a vez deles, ela lhes pertence da mesma forma. Minha honra é ter me libertado dessa submissão. Libertada de um marido, e, como não tenho filhos, resta-me buscar a honra de cuidar dos filhos dos outros.

MINHA PRIMEIRA ESCOLA — COM A AJUDA DO GOVERNO, DE ACORDO com a promessa feita — está funcionando desde o fim de 2002. O Estado participou amplamente — ampliação da estrada, fiação elétrica, pavimentação —, e eu mesma mandei instalar uma linha telefônica. Usei o que me restava das 500 mil rúpias na compra de dois terrenos, cada um com 1,5 hectare, perto da minha casa. Cheguei até a vender minhas jóias para fazer com que a escola das meninas começasse a funcionar. No início, elas tinham aulas sentadas no chão, debaixo das árvores.

Era a minha "escola debaixo das árvores", esperando a possibilidade de construir um prédio adequado. Foi nessa época que as pequenas alunas começaram a me chamar de Mukhtar Mai, "grande irmã respeitada". E toda manhã elas chegavam com seus cadernos e lápis, a professora fazia a chamada e aquele êxito, mesmo ainda incompleto na época, enchia-me de felicidade. Quem diria que Mukhtaran Bibi, filha de camponeses, analfabeta, um dia seria diretora de escola?

O governo pagou um salário de professor para ensinar aos meninos. As outras subvenções chegaram depois, por exemplo, a que veio da Finlândia: 15 mil rúpias para garantir o salário de um professor durante três anos.

No fim de 2002, minha honra havia sido desprezada, mas recebi um prêmio que mandei emoldurar para ficar sobre a minha mesa de diretora de escola.

Dia Universal dos Direitos Humanos,
Primeira Cerimônia Nacional dos Direitos da Mulher.
Prêmio concedido à sra. Mukhtaran Bibi,
10 de dezembro de 2002, pelo
Comitê Internacional dos Direitos Humanos.

Eu realmente existia no mundo, em nome das mulheres paquistanesas.

Em 2005, depois de dois anos, a escola estava em plena atividade. Os salários dos professores haviam sido pagos durante um ano, e eu pretendia construir um estábulo, comprar bois e cabras e dotar a escola de rendimento próprio.

Embora em certos dias a tarefa me parecesse bem pesada, eu recebi uma ajuda moral preciosa: fui convidada por uma organização feminina — Women's Club 25 — para ir à Espanha, participar da Conferência Internacional das Mulheres, sob a presidência da rainha Rania da Jordânia. Tomei um avião pela primeira vez, acompanhada por meu irmão mais velho. Não estávamos nada tranqüilos, especialmente com tanta gente falando línguas desconhecidas. Felizmente, fomos recebidos calorosamente já na escala em Dubai, e guiados durante o resto da viagem.

Muitas conferencistas participaram dessa reunião sobre a violência contra as mulheres. Tudo que pude então ouvir, vindo de tantos países de todo o mundo, fez-me entender que a tarefa era difícil. Para cada mulher que recusa a violência e sobrevive, quantas não morrem, quantas não são enterradas na areia, sem túmulo, sem respeito. Minha escolinha parecia bem miúda naquela imensa maré de desgraças. Minúscula pedra plantada em alguma parte do mundo, para tentar mudar o espírito dos homens. Proporcionar a um punhado de meninas o alfabeto que, de geração em geração, lentamente faria seu trabalho. Ensinar a alguns garotos o respeito devido à companheira, à irmã, à vizinha. Ainda era tão pouco!

Mas eu estava na Europa, a terra de que falava meu tio quando eu era criança, em algum ponto a Oeste da minha aldeia, e aqueles estrangeiros conheciam minha história! Eu não parava de me espantar, um pouco tímida, sem ousar demonstrar o orgulho que sentia então, simplesmente por estar ali, uma mulher entre outras desse mundo tão grande.

Ao voltar para casa, juntei ainda mais coragem em meu projeto de ampliar a escola. Minha vida ganhava sentido a partir do momento em que eu ouvia alguém recitar os versículos do Corão, ou a tabela de cálculo e o alfabeto inglês, debaixo das árvores de Meerwala. Logo haveria também aulas de história e geografia. Minhas meninas, minhas irmãzinhas, receberiam o mesmo que era ensinado aos meninos.

MAS ESSA VIDA ERA EXTERIOR A MIM MESMA, NA REALIDADE EU NÃO tinha ninguém com quem me abrir. Tornara-me desconfiada, incapaz de retomar a vida de antes — a serenidade e a calma, o riso, o tranqüilo percurso dos dias e das noites.

É verdade que agora a entrada da casa era iluminada pela eletricidade e o telefone tocava. E por sinal não parava de tocar, pois eu continuava sendo solicitada pelas ONGs e pelos meios de comunicação. E tinha de falar com eles, continuava precisando de ajuda para levar a cabo esse projeto de escola e dar-lhe um teto sólido. Eu não tinha recursos suficientes, em 2003, um ano depois daquele drama.

Certo dia, ouço uma voz feminina no telefone:

"Alô? Bom dia, meus cumprimentos, Mukhtar, eu sou Naseem, da aldeia vizinha de Peerwala. Meu pai é policial e está de sentinela diante da sua casa. Eu queria saber notícias..."

Peerwala fica a 20 quilômetros da minha aldeia. O pai de Naseem foi destacado para minha proteção, e seu tio trabalha no canal a 5 quilômetros da nossa casa. Ela me explica que de certa forma somos parentas, pois sua tia e a minha pertencem à mesma família e vivem ambas em Peerwala. Naseem voltou de Alipur, onde iniciou seus estudos — a mesma cidade onde pela primeira vez encontrei um juiz compreensivo. Agora, ela está estudando direito em Multan.

Eu nunca tinha visto Naseem, e ela só me conhecia por ter lido artigos a meu respeito na imprensa. Mandei chamar seu pai para falar com ela, e enquanto isso conversamos um pouco, mas nada mais. Porém, ela telefonou uma segunda vez, quando eu estava em Meca — eu tive a felicidade de poder fazer a peregrinação —, e depois uma terceira vez, para me convidar a ir a sua casa. Nessa época, eu recebia tanta gente que pedi que ela viesse. Não sabia que Naseem viria se tornar não só uma amiga, mas também uma preciosa ajudante. Ela lera muito sobre mim nos jornais, e minha história a interessava do ponto de vista jurídico. Na época, em maio de 2003, meu caso ainda estava em tramitação de recurso perante a Corte Suprema. Mas se seu pai não fizesse parte da força policial que me dava proteção, nós nunca nos teríamos conhecido. Naseem não era do tipo que se impõe, como certas pessoas atraídas pela minha "notoriedade".

Já no nosso primeiro encontro, Naseem pareceu-me uma mulher incrível. Completamente diferente de mim: ativa, viva, sem medo das palavras nem das pessoas, com idéias claras e facilidade para falar. Uma das primeiras coisas que ela me disse me impressionou:

"Você tem medo de tudo e de todos... Se continuar a viver assim, não vai agüentar. É preciso reagir."

Para ela, era fácil entender que eu me mantinha de pé realmente por uma espécie de milagre. Na verdade, eu estava cansada. Precisava de muito tempo para entender certas coisas — o que diziam a meu respeito, o que aconteceria quando o tribunal apreciasse o recurso dos Mastoi. Eu continuava com medo do poder e das relações deles. A polícia me protegia, o governo também, mas Islamabad é muito longe de Meerwala... Nada era certo ainda. Oito homens do clã Mastoi que estavam em liberdade ainda podiam me fazer mal. Às vezes, eu ficava apreensiva à chegada da noite, tinha um sobressalto ao ouvir um cão latir ou perceber uma silhueta masculina. Um possível inimigo, alguém que tivesse tomado o lugar de um policial, por exemplo. Toda vez que eu tinha de sair de casa, era cercada por homens armados. Eu me enfiava num táxi e só saía quando já estava longe de Meerwala. Felizmente, não precisava atravessar a aldeia, pois a fazenda da família fica na entrada, a primeira casa antes do caminho que leva à mesquita. Mas na minha aldeia as casas da casta dos Mastoi representam a maioria da população. E toda hora aparecem insinuações maldosas na imprensa local. Eu era uma "mulher do dinheiro". Tinha uma conta bancária! Uma divorciada que melhor faria se voltasse a viver com o marido. Até o meu ex-marido espalhava mentiras sobre a minha vida, afirmando que eu era "fumante de haxixe"!

Naseem dizia que eu me tornara paranóica. Magra, ansiosa, eu precisava conversar com alguém de confiança. Foi o que aconteceu com ela. Finalmente consegui falar verdadeiramente do estupro, da brutalidade, dessa vingança bárbara que destrói o corpo de uma mulher. Ela sabia me ouvir, o tempo que fosse necessário, quando fosse necessário. Nos países modernos, existem médicos especializados que são capazes de ajudar uma mulher a se reconstruir quando ela caiu mais baixo que a terra. Naseem me dizia:

"Você é como um bebê que começa a caminhar. É uma vida nova, você precisa começar do zero de novo. Eu não sou psiquiatra, mas conte para mim sua vida anterior, sua infância, seu casamento, e mesmo o que você sofreu. É preciso falar, Mukhtar, é falando que a gente põe para fora o bem e o mal. É libertador, é como lavar uma roupa suja: quando já está bem limpa, podemos voltar a vesti-la sem medo."

Naseem é a mais velha em sua família, e decidiu abandonar o direito para fazer mestrado em jornalismo, como estudante livre. Seus quatro irmãos e irmãs também estudam. Eu também tenho quatro irmãos e quatro irmãs. Mas, embora nossas aldeias estejam a uma distância de apenas 20 quilômetros, nossa vida é completamente diferente. Ela teve a possibilidade de decidir por si mesma seu futuro. Naseem é uma militante, fala em alto e bom som, e quando tem alguma coisa a dizer, não teme ninguém. Até as mulheres policiais diante da casa a olhavam com espanto.

— Você sempre diz o que pensa?
— Sempre!

Desde então, eu não paro de rir com ela! E também de refletir sobre tudo que vivo interiormente sem chegar a exprimir. Minha educação me impede, todos esses longos anos de submissão me bloqueiam. Mas Naseem tem seus argumentos.

"Os homens e as mulheres são iguais. Temos os mesmos deveres. Tenho consciência de que o islã conferiu uma superioridade aos homens, mas em nosso país eles se aproveitam disso para nos dominar totalmente. Você tem que obedecer ao pai, ao irmão, ao tio, ao marido e, por fim, a todos os homens da aldeia, da província e do país inteiro!

"Eu li sua história nos jornais, muita gente está falando de você. Mas e você? Você por acaso fala de si mesma? Você expressa sua infelicidade com dignidade, e se fecha como uma caixa. É a mesma infelicidade da metade das mulheres do nosso país. Elas são pura infelicidade e submissão, e nunca ousam exprimir seus sentimentos ou levantar a voz. Se uma delas tem a coragem de dizer 'não', põe a própria vida em risco ou, na melhor das hipóteses, expõe-se a pancadas. Vou lhe dar um exemplo. Uma mulher quer ver um filme e o marido a impede. Por quê? Porque quer mantê-la na ignorância. Para ele, então, é mais fácil dizer qualquer coisa, proibir tudo. Um homem diz à mulher: 'Você tem de me obedecer, e acabou!' E ela não responde nada, mas eu respondo em seu lugar.

"Onde é que está escrito? E se o marido for um cretino? Se o marido a espanca? Será que ela vai passar a vida inteira sendo espancada por um cretino? E ele vai continuar se achando inteligente?

"A esposa não sabe ler. O mundo só existe por meio do marido. Como poderia ela revoltar-se? Não estou dizendo que todos os homens são iguais no Paquistão, mas é muito difícil confiar neles. São muitas as mulheres analfabetas que não conhecem seus direitos. Você tomou conhecimento dos seus, infelizmente, porque teve de pagar sozinha por um suposto erro do seu irmão — logo, um erro que você sequer havia cometido! E porque teve a coragem de resistir. De modo que é preciso continuar resistindo. Mas, dessa vez, é contra você mesma que você tem de lutar. Você é calada demais, fechada demais, desconfiada demais, fica sofrendo! Precisa se livrar dessa prisão na qual se fecha. A mim, você pode dizer tudo."

EU CONSEGUI REALMENTE CONVERSAR COM NASEEM, CONTAR-LHE TUDO. Minha história ela já conhecia, naturalmente, mas da mesma forma que os jornalistas, a polícia e o juiz. Um acontecimento policial um pouco mais importante que os outros, nos jornais paquistaneses.

Tudo aquilo que eu nunca tinha dito, ela ouviu com amizade e compaixão.

O sofrimento moral e físico, a vergonha, a vontade de morrer, aquela desordem na minha cabeça quando voltei sozinha para casa, para me atirar na cama como um animal moribundo. A ela eu consegui contar o que era impossível dizer a minha mãe ou para as minhas irmãs, pois desde a mais tenra infância eu só havia aprendido o silêncio.

Às vezes, olhando o álbum de fotos daquela época, acontece de eu não me reconhecer. Magra e pálida, o olhar ansioso, como no momento em que encontrei pela primeira vez o dirigente de uma ONG paquistanesa, a SPO,* com sede em Islamabad. Ele veio até a aldeia para me encontrar, e foi graças a ele que o Canadá se interessou por meu projeto de escola. Nessa foto, eu estou encolhida, encurvada, mal tenho coragem de olhar para o fotógrafo.

Desde que Naseem se tornou minha irmã de luta, recuperei a confiança em mim mesma, minhas bochechas se arredondaram porque eu me alimento, meu olhar é tranqüilo porque eu durmo.

Falar da sua dor, de um segredo que consideramos vergonhoso, liberta o espírito e o corpo. Eu não sabia.

---

* Strenghtening Participatory Organization.

DESTINO

Eu cresci sem saber quem eu era. Com a mesma alma que as outras mulheres da casa. Invisível. O que eu aprendia era roubado ao acaso do que os outros falavam. Uma mulher dizia, por exemplo:

"Você viu o que aquela menina fez? Ela desonrou a família! Dirigiu a palavra a um menino! Não tem mais honra."

Minha mãe se voltava então para mim.

"Está vendo, minha filha, o que acontece com essa gente? Também pode acontecer conosco. Muito cuidado!"

Ainda na infância, já somos proibidas de brincar com os meninos, mesmo ainda muito pequenas. Um garoto apanhado jogando bola de gude com a priminha é espancado pela mãe.

Mais tarde, as mães fazem comentários em voz alta, para que as filhas ouçam. Muitas vezes, as críticas são dirigidas a uma nora, por exemplo.

"Você não ouve seu marido! Não o atende logo que é chamada!"

Assim, as mais jovens, que ainda não são casadas, ficam sabendo o que devem e o que não devem fazer. Fora a oração e a recitação do Corão, é a única educação que recebemos. E ela nos ensina a desconfiança, a obediência, a submissão, o temor, o respeito total ao homem. O esquecimento de nós mesmas.

Na infância, eu não era desconfiada. Nem fechada. Nem calada. Eu ria muito. Minha única confidente era minha avó paterna, Nanny, a que me criou e que ainda hoje vive conosco. É normal, para meu povo, confiar a criação de uma criança a uma outra mulher que não a mãe.

Minha avó está bem velha, e enxerga muito mal. Não sabe que idade tem, assim como meu pai e minha mãe. Hoje eu tenho uma carteira de identidade, mas minha avó afirma que eu tenho um ano a mais do que o que está escrito nesse papel! Aqui na aldeia isso não tem importância. A idade é a vida, os dias que passam, o tempo.

Um dia, na colheita, alguém da família disse:

"Agora você já tem 10 anos!"

Por uma questão de seis meses ou um ano, a gente já nem sabe. Cada um pode ser confundido com o filho anterior ou o seguinte. O estado civil não existe nas aldeias. Um filho nasce, vive, cresce, é o que interessa.

Eu comecei a ajudar minha mãe, ou minha tia, mais ou menos com 6 anos, em tudo que era necessário dentro de casa. Quando meu pai trazia milho para o gado, eu também o cortava. Às vezes, ia ajudá-lo a cortar o mato no campo. Meu irmão Hazoor Bakhsh cuidava da colheita quando meu pai saía para trabalhar. Ele tinha uma lojinha de corte de madeira.

Com o tempo, a família foi aumentando. Uma irmã, Naseem. Uma outra irmã, Jamal, que infelizmente nos deixou.

Depois Rahmat e Fatima. Finalmente, um segundo filho para minha mãe: Shakkur. O último da família.

Às vezes, eu ouvia minha mãe dizer que, se Deus lhe desse da próxima vez um filho homem, e mais nada depois, ela ficaria satisfeita. Ela estava querendo dizer que já havia tido filhos suficientes. Mas chegou Tasmia, a última menina depois de Shakkur.

A diferença de idade é grande entre meus dois irmãos, mas as meninas são mais próximas. Lembro-me das brincadeiras que inventávamos com bonecas de pano, quando tínhamos tempo. Era muito sério. Nós mesmas as fazíamos, e havia bonecas meninas e bonecas meninos. A brincadeira consistia em falar dos futuros casamentos entre as bonecas. Eu pegava uma boneca menino, por exemplo, e minha irmã, uma boneca menina, e tinham início as negociações.

— Você quer dar sua filha ao meu filho?

— Sim, tudo bem, desde que você também dê seu filho à minha filha.

— Não, não vou dar o meu filho. Meu filho já está noivo da filha do meu tio.

Nós inventávamos brigas imaginárias em torno dos casamentos arranjados pelos pais, usando o que ouvíamos os adultos dizer. Havia bonecas que representavam os "grandes" — os pais, os irmãos mais velhos e mesmo as avós —, as criancinhas, a família inteira. Às vezes, brincávamos assim com umas 20 bonecas, feitas com todos os pedaços de pano achados pela casa. A menina era diferente do menino por causa da roupa. Uma calça e uma túnica branca. As meninas tinham a cabeça coberta por um xale, ou uma imitação de *foulard*. Fazíamos para elas cabeleiras longas, com pedaços de pano trançados. Desenhávamos o rosto com um pouco de maquilagem, bijuterias no nariz e brincos. Era o mais difícil de encontrar, pois tínhamos de fabricar essas supostas bijuterias usando pedaços de pano bordados com pequenas pérolas ou coisas brilhantes que eram jogadas fora pelas mulheres adultas quando se cansavam de usá-las.

A gente se reunia com toda essa pequena família de pano, à sombra, longe dos pais, pois quando havia alguma pequena cena de briga na casa adorávamos reproduzi-la com as bonecas, e de modo algum poderíamos ser ouvidas! Para proteger da poeira os nossos tesouros, nós os guardávamos em cima de tijolos. E podíamos estar sempre recomeçando a bela e complicada história dos casamentos.

— Você quer um noivo para sua sobrinha? Pois ele ainda não saiu do ventre da mãe!

— Se for um menino, você me dá; se for menina, eu dou a você meu último filho.

— Mas seu filho terá de viver em minha casa. E terá de trazer 1 grama de ouro. E também brincos!

Eu ri como não ria há muito tempo ao contar para Naseem o casamento de uma prima, quando eu tinha mais ou menos 7 ou 8 anos. Foi a primeira grande viagem que eu tive a oportunidade de fazer na época. Eu havia partido com meu tio, em direção a uma aldeia a cerca de 50 quilômetros de casa. Não havia estrada, apenas um caminho, e o tempo estava muito feio; chovia sem parar. Como sempre, nós viajávamos de bicicleta, três delas levando todos os membros da família. Eu estava sentada na garupa do meu tio. Uma outra pessoa estava sentada no guidom e uma no porta-malas. E a chuva continuava, mas nós estávamos felizes por estar indo à festa, para encontrar os primos e brincar com eles.

Mas, naquela confusão, uma das minhas tias, muito bem-vestida, trazendo nos braços belas pulseiras de vidro, caiu do porta-bagagem. As pulseiras se quebraram no chão e ela ficou levemente ferida. Na hora, todo mundo entrou em pânico, pois ela gritava muito. Sentia dor, e chorava os belos pedaços de vidro de todas as cores... Foi preciso passar-lhe ataduras nos braços, e nesse momento as crianças trocaram olhares e começaram a rir, e todo mundo acabou rindo com elas. Um riso descontrolado até o fim da viagem, que durou muito tempo! Pobre tia, ela também estava rindo, com suas pulseiras de atadura.

Mais tarde, também contei meu casamento a Naseem. Apesar de instruída, Naseem também tem de respeitar a tradição, e há muito tempo já foi escolhido um marido para ela. Mas ele não corresponde ao seu ideal. Por isso, sem querer demonstrar falta de respeito pelos pais, ela tenta escapar dessa união. Sem confrontos nem discussões. Ela tem 27 anos, está estudando e, como ele não se manifesta, ela espera... que ele acabe desistindo, que se canse ou conheça outra pessoa. De qualquer maneira, ela diz que resistirá por tanto tempo quanto for possível.

Por enquanto, ela não conheceu ainda o homem ideal, e esta é uma das grandes proibições em nossas tradições. Uma jovem não tem o direito de escolher por si mesma. Aquelas que assumiram esse risco foram ameaçadas, humilhadas, espancadas e, às vezes, até assassinadas, embora, em princípio, as novas leis devessem fazer valer o respeito de sua escolha. Mas cada casta tem suas tradições, e a lei islâmica não a autoriza a escolher. Os casais que se unem por escolha própria têm enormes dificuldades para comprovar a existência legal de seu casamento. Assim, uma mulher pode ser acusada de *zina*, um pecado que abarca ao mesmo tempo o adultério, as relações fora do casamento ou o estupro. Com isso, pode ser condenada à morte por apedrejamento, muito embora seja proibido. Continuamos presas entre dois sistemas jurídicos diferentes. O religioso e o oficial, e sem esquecer, para complicar mais ainda, o sistema tribal, com suas próprias regras, que não levam em conta a lei oficial, nem mesmo, às vezes, a lei religiosa.

Em matéria de divórcio, é a mesma complicação. Só o marido tem direito de concedê-lo. Quando uma mulher entra com pedido de divórcio num tribunal, a família do marido pode considerar-se "desonrada" e contemplar um pedido de "punição". Além disso, os procedimentos entabulados nos tribunais nem sempre levam a decisões judiciárias.

No meu caso, as coisas aconteceram de outra maneira, mas eu alcancei o resultado que esperava. Fiquei sabendo então que tinha 18 anos.

Minha irmã Jamal chegou rindo e me sussurrou na orelha:

— A família do seu marido está aí.

Eu estava dividida entre sentimentos de alegria e pudor. Alegria porque ia me casar, mudar de vida, e pudor porque minha irmã estava rindo, minhas primas faziam gracejos e eu também devia gracejar sobre a grande notícia. Como se não me dissesse respeito.

— Seu príncipe encantado chegou.

— Que vá se entender com os outros!

De qualquer maneira, tudo é resolvido pelos outros... Entre homens. Todos os primos, irmãos e tios estão reunidos, inclusive a família do futuro marido. Alguém propõe uma data e começa a discussão, pois será necessário acomodar o dia escolhido com a disponibilidade de cada um. Em função da lua, das colheitas, das culturas. Alguém pode dizer:

— Na sexta-feira não, um outro primo vai se casar.

— Será então no domingo.

E um outro acrescenta:

— Domingo não, é o meu dia de buscar água para irrigar as plantas, não estarei livre.

Finalmente, uma data é decidida e todo mundo concorda. As mulheres não têm direito de opinar. E menos ainda a noiva.

À noite, o chefe de família volta para casa, dá a notícia à mulher e é assim que uma jovem fica sabendo que se casará no dia determinado. Não me lembro exatamente do dia nem do mês. Sei apenas que a data marcada caía um mês antes do Ramadã.

Quando fiquei sabendo quem era o noivo, tentei me lembrar de quem era. Eu havia cruzado com ele por acaso, numa estrada, durante uma cerimônia. Lembrava-me de que mancava muito, como as pessoas que ficaram doentes com poliomielite. Naturalmente, não fiz comentário algum. Apenas pensei: "Ah, sim, então é aquele!"

Mas eu estava preocupada. Aquele marido não tinha sido escolhido pelo meu pai, mas pelo meu tio. E eu ficava me perguntando por que ele ia me casar com aquele homem. Por que lhe entregar sua sobrinha? Ele tinha um rosto muito bonito, mas eu não o conhecia, e ele mancava!

Naseem me perguntou se apesar de tudo ele me agradava. Eu não estava acostumada a responder a esse tipo de pergunta, mas ela insistia, rindo.

— Não muito. Se eu pudesse dizer "não", teria dito.

Eu nada sabia dele, apenas que seus pais já haviam morrido. E que ele viera à nossa casa com o irmão mais velho. Uma vez estabelecida a data, eu estava automaticamente noiva. E choviam recomendações de todas as mulheres, ritualistas, e sempre as mesmas.

"Você vai para a casa do seu marido, terá de se esforçar para honrar o nome dos seus pais, o nome da sua família."

"Faça tudo que ele pedir. Respeite a família dele..."

"Você é a honra dele e da família dele, terá de respeitá-los..."

As mães não nos instruem sobre nada. Devemos supostamente saber o que acontece num casamento. A tal ponto que eu nem ficava angustiada com a idéia de me submeter ao meu marido, pois no Paquistão é o que acontece com todas as mulheres. Quanto ao resto, era um mistério que as mulheres casadas não compartilham com as mocinhas. E nós não temos o direito de fazer perguntas. De qualquer maneira, casar-se e fazer filhos são coisas banais. Eu vi mulheres dando à luz, sei de tudo que preciso saber. Falam de amor em outros países e nas canções, mas isso não é para mim. Um dia, eu vi um filme na televisão, na casa do meu tio: uma mulher belíssima, muito maquiada, gesticulando muito, estendia os braços para um homem que a fazia chorar. Eu não entendia o que ela dizia em urdu, mas achei que se exibia demais.

Entre nós, tudo é simples, preparado antecipadamente. Há alguns anos meus pais cuidam do dote e minha mãe vai reunindo objetos para o meu casamento. Jóias, lençóis, roupas. O mobiliário é providenciado no último momento. Meu pai mandou fazer uma cama para mim. No dia do meu casamento, eu usei, obedecendo à tradição, a roupa que o noivo comprou para mim. Não poderia me vestir de outra maneira. Na nossa tradição, a roupa da noiva é vermelha. Tem um simbolismo muito forte, é muito importante. Antes da cerimônia, a noiva deve prender os cabelos em duas tranças, e uma semana antes do casamento as mulheres da família do noivo chegam para desfazê-las, trazendo-lhe também alimento para toda a semana. Mesmo sem saber para que serve esse duplo ritual, fiz como todo mundo. Assim, no dia do casamento, meus cabelos estavam completamente ondulados.

Chega então a hora da hena, o *mehndi*. As mulheres da minha futura família cuidam elas mesmas de aplicá-la na palma das minhas mãos e nos pés. Em seguida, vem o banho, e eu sou vestida. Uma calça bufante, uma grande túnica, um grande xale — tudo vermelho. E numa ocasião como essa eu também uso a burca. Já a usei para sair e ir visitar a família, estou habituada. Acontecia de eu sair com ela e, vendo-me longe da casa, caminhar com o rosto descoberto. Mas, se visse alguém da minha família, logo voltava a vesti-la, por respeito. A visão não fica prejudicada, pois os buracos são bem maiores que os da burca usada no Afeganistão. Naturalmente, não é muito cômodo, mas aqui só a usamos antes do casamento. Depois de casadas, muitas mulheres deixam de usá-la.

Meu avô paterno, que era polígamo, sempre dizia:

"Nenhuma de minhas mulheres usava véu. Se ela quiser usá-lo, é um direito seu, mas terá de usá-lo até o fim da vida."

Normalmente, o imã vem consagrar a união, no dia do mehndi ou no dia do casamento. No meu caso, foi no dia do mehndi. Quando o imã me perguntou se eu aceitava como esposo o homem que ali estava, fiquei tão impressionada que não conseguia responder. Nem sim nem não. Não saía palavra alguma da minha garganta. E o imã insistia.

— E então? Diga! Diga!

Foi preciso que as mulheres sacudissem minha cabeça em sinal de aprovação, acrescentando:

— Ela é tímida, mas disse "sim", pronto.

Depois da refeição de arroz e carne, durante a qual não consegui engolir nem uma garfada, teríamos de esperar a chegada da família do marido para me levar. Enquanto isso, são seguidos alguns rituais.

Meu irmão mais velho deve passar um pouco de óleo nos meus cabelos e pôr no meu braço uma pulseira de tecido bordado. Uma mulher segura uma panelinha com óleo e meu irmão deve entregar-lhe uma moeda para servir-se primeiro. Depois, todos os membros da família molham os dedos na panela para levar óleo à minha cabeça.

Agora o marido pode entrar na casa. Eu ainda não o encontrei, e ele não poderá ver meu rosto sob a burca. Eu aguardo, sentada com minhas irmãs e minhas primas. Elas são incumbidas de impedi-lo de entrar enquanto não receberem dele um pequeno cartão. Assim que o entrega, ele pode passar pela porta. Senta-se ao meu lado e minhas irmãs lhe trazem um copo de leite numa bandeja. Ele bebe, e ao depositar o copo vazio entrega mais um cartão! Começa de novo, então, o ritual do óleo, mas dessa vez com variações. A mulher incumbida do ritual molha pequenos chumaços de algodão em sua panela de óleo, jogando seu conteúdo no rosto do marido e dizendo:

"Aí vão flores para você."

Em seguida, coloca um outro pedaço de algodão na palma da minha mão direita e eu devo apertar os dedos com toda força, para que o marido não consiga abri-los. É uma espécie de prova de força: se ele conseguir abrir a minha mão, pior para mim, ele ganhou. Se não conseguir, todo mundo zomba dele, rindo.

"Você não é homem, nem consegue abrir mão dela!"

Neste caso, ele é obrigado a me perguntar:

"Diga o que quer."

"Se quiser que eu abra a mão, terá de me dar uma jóia."

E a noiva pode recomeçar a brincadeira, as mulheres voltam a fechar sua mão sobre o algodão e o noivo tenta novamente abri-la. Em geral, são as irmãs e primas, todas as moças ao redor, que estimulam a noiva triunfante, gritando:

"Peça-lhe isto e mais aquilo..."

Eu fechei a mão uma primeira vez e ele não conseguiu abri-la, uma segunda vez e ele também não conseguiu; foi então vaiado pelas mulheres.

Não sei se esse ritual tem algum valor simbólico, ou se se espera que o noivo não consiga mesmo, pois ele deve obrigatoriamente presentear a noiva com pelo menos uma jóia. Mas de qualquer maneira a luta é real. É preciso ter força para resistir.

Há também os cânticos que são endereçados pelas jovens ao irmão mais velho. É ele que está dando simbolicamente sua irmã a um outro homem, ele é que é mais amado e respeitado pelas jovens da família, depois do pai.

Não me lembro exatamente o que as moças cantaram para meu irmão, talvez estas palavras:

Olho para o Sul
E me parece muito longe
De repente surge meu irmão
Usando um belo relógio
E orgulhoso em seu caminhar...

Esse tipo de canto ingênuo provavelmente vai desaparecer, com tudo que as moças ouvem hoje em dia no rádio. Mas o respeito e o amor pelo irmão mais velho continuarão.

A família toda estava contente, e eu também, pois era uma festa. Mas também estava angustiada e triste, pois deixaria a casa onde vivera durante quase vinte anos. Acabara, eu nunca mais estaria realmente em casa, ali. Nunca mais as brincadeiras infantis, as amiguinhas, os irmãos, as irmãs! Eu ia dar o passo, e tudo ficaria para trás. O futuro me preocupava.

O noivo se levantou. As primas me tomaram pelos braços para me levantar, segundo a tradição. Conduziram-me até uma grande charrete, puxada por um trator. E meu irmão mais velho, sempre obedecendo à tradição, levantou-me em seus braços para me colocar sentada na parte traseira.

Diante da porta da casa onde mora o marido, um menininho espera. Ele tem de tomá-lo pela mão e levá-lo para o interior. Alguém me entrega o *mandhani*, o instrumento que serve para fazer manteiga, e eu também entro. A última tradição consiste em tirar a burca.

É o *ghund kholawi*. Eu não posso tirar o véu enquanto o marido não der nada às menininhas, que o provocam:

"Vamos, dê, dê, não tire o ghund enquanto ele não der 200 rúpias..."

"Não, não, 500 rúpias..."

"Não, não, não tire o *ghund* enquanto ele não der 1.000 rúpias..."

Ele chegou a 500 rúpias. Na época, era muito. O preço de um cabrito. E finalmente pôde ver meu rosto.

No compartimento onde deveríamos dormir havia quatro camas, não estaríamos sós.

Foi assim que passei três noites na casa do meu cunhado antes de entrar na do meu marido — de um compartimento só. Depois ele quis voltar para a casa do irmão, não podia viver sem ele! Infelizmente, sua esposa não me suportava. Inventava histórias o tempo todo, recriminando-me por não fazer nada, embora ela mesma me impedisse de fazer.

Como o contrato de casamento fixado por minha família estabelecia que meu marido deveria morar em nossa casa, voltei para casa passado apenas um mês daquele estranho casamento, e ele não me acompanhou. Ele queria ficar com o irmão e se recusava a trabalhar com meu pai; fico até me perguntando se ele me queria, pois não tive muita dificuldade para conseguir que me concedesse o *talaq*, o divórcio pelo qual me "liberava". Eu lhe devolvi a jóia. Estava livre, embora uma mulher divorciada, na nossa tradição, seja malvista. Eu teria de viver com meus pais — uma mulher não pode viver sozinha sem ficar com má fama. Trabalhei para ajudar minha família a atender minhas necessidades. Entre o Corão, que ensinava como voluntária às crianças, e as aulas de bordado para as mulheres da aldeia, eu recuperava minha honra e minha respeitabilidade na comunidade, e minha vida era tranqüila.

Até aquele maldito dia 22 de junho.

O SISTEMA TRIBAL DE JUSTIÇA NUMA JIRGA É UM COSTUME ANCESTRAL, incompatível com a religião e a lei. O próprio governo reagiu recomendando aos governadores das províncias e à polícia que registrassem "obrigatoriamente" o chamado "primeiro relatório de informação", para permitir a investigação dos casos de crime de honra. Isso para impedir que os culpados se refugiem por trás do veredicto da jirga, para justificar uma infâmia ou um crime de sangue.

E em meu caso, como em tantos outros, esse primeiro relatório havia sido assinado em branco! A polícia local se incumbira de redigir minha queixa segundo suas conveniências. Para evitar entrar em conflito com a casta dominante.

Era uma covardia dos homens, uma injustiça. Nos conselhos de aldeia, espera-se que os homens que se reúnem para resolver os conflitos familiares sejam sábios, e não brutamontes sem consciência. No meu caso, um jovem excitado, orgulhoso de sua casta e governado unicamente pela violência e pelo desejo de fazer o mal guiou todos os outros. Os homens mais sábios, de mais idade, não representavam a maioria.

E as mulheres sempre foram excluídas das reuniões. Mas são elas que, por suas funções de mães, de avós, de gestão do cotidiano, melhor conhecem os problemas familiares. O desprezo dos homens por sua inteligência é que as mantém à parte. Eu nem ouso imaginar que um dia, ainda que muito distante, um conselho de aldeia aceite a participação de mulheres.

Mais grave ainda é que são elas que servem de mercadoria de troca para resolver os conflitos e receber a punição. E a punição é sempre a mesma. Embora a sexualidade seja um tabu e a honra do homem em nossa sociedade no Paquistão seja precisamente a mulher, ele só encontra como solução para um acerto de contas o casamento forçado ou o estupro. Esse comportamento não é o ensinado pelo Corão.

Se meu pai ou meu tio tivesse concordado em me dar em casamento a um Mastoi, minha vida teria chegado perto do inferno. No início, esse tipo de solução destinava-se a reduzir os confrontos entre castas ou tribos, através da mistura. A realidade é muito diferente. Casada nessas condições, uma esposa é ainda mais maltratada, rejeitada pelas outras mulheres, escravizada. Pior ainda, algumas mulheres são violadas por causa de acertos de contas materiais, ou de um simples caso de ciúme entre dois vizinhos, e quando buscam justiça são acusadas de ter cometido adultério ou de ter provocado uma relação ilícita!

Mas minha família talvez seja um pouco diferente da maioria. Não conheço a história da casta Gujjar do Punjab, nem de onde veio minha tribo, ou quais seriam seus costumes e tradições antes da partição entre a Índia e o Paquistão. Nossa comunidade é, ao mesmo tempo, guerreira e agrícola. Falamos um dialeto minoritário concentrado no Sul do Punjab, o saraiki, ao passo que a língua oficial do país é o urdu. Muitos paquistaneses instruídos falam inglês. Eu não falo nem uma nem outra língua.

NASEEM TORNARA-SE MINHA AMIGA, SABIA ABSOLUTAMENTE TUDO A MEU respeito, e se eu ainda temia os homens e desconfiava deles, ela não os receava.

Mas a coisa mais importante que eu descobri, além da necessidade de educar as meninas, de lhes dar a possibilidade de se abrir para o mundo exterior através da alfabetização, é conhecer a mim mesma como ser humano. Eu aprendi a existir, a me respeitar como mulher. Até então, minha revolta era instintiva, eu agia por minha sobrevivência e pela da minha família ameaçada. Alguma coisa em mim se recusava a se deixar abater. Caso contrário, eu teria cedido à tentação do suicídio. Como podemos nos recuperar da infâmia? Como superar o desespero? Inicialmente, na raiva, no instinto de vingança que salva da morte tão tentadora. É o que nos permite o restabelecimento, voltar a caminhar, agir. Uma espiga de trigo derrubada pela tempestade pode se reerguer ou apodrecer ali mesmo. Eu, inicialmente, me reergui sozinha, e pouco a pouco fui me conscientizando da minha existência como ser humano e dos meus direitos legítimos. Eu tenho fé, amor à minha aldeia, ao Punjab e ao meu país, e queria que esse país, que todas as mulheres violentadas, todas as novas gerações de meninas, tivessem um outro estatuto. Eu não era realmente uma feminista militante, embora os meios de comunicação me tenham considerado como tal. Mas me tornei através da experiência, pois sou uma sobrevivente, uma simples mulher num mundo dominado pelos homens. Mas desprezar os homens não é a solução para progredir no respeito.

O que é preciso é tentar enfrentá-los de igual para igual.

O TEMPO PASSADO EM MEERWALA

Minha aldeia até então era desconhecida, perdida na planície do Indus, no distrito de Muzaffargarh, no Sul do Punjab ocidental. A delegacia de polícia fica em Jatoï, a 5 quilômetros, e as grandes cidades mais próximas, Dera Ghazi Khan e Multan, estão a cerca de três horas de carro, por uma estrada sempre cheia de enormes caminhões, motocicletas sobrecarregadas e pesadas charretes. Não existe um comércio local e também não havia escola.

A instalação da escola Mukhtar Mai provocou a curiosidade dos habitantes. Uma curiosidade inicialmente cheia de desconfiança. Eu tinha apenas algumas alunas. Com a ajuda de Naseem, tive de bater de porta em porta, para convencer os pais a nos entregarem suas filhas. Eles não fechavam a porta na nossa cara, mas o pai tentava nos convencer de que as meninas foram feitas para ficar em casa, não para estudar. Os meninos têm mais possibilidades. Os que não trabalham no campo já podiam freqüentar a escola de uma outra aldeia, mas ninguém os obrigava a fazê-lo.

Toda essa diplomacia nos tomou **muito tempo**. E, naturalmente, nem se poderia pensar em ir discutir com a família Mastoi. Os filhos mais velhos estavam na prisão "por minha culpa". E se a polícia me deixasse um dia sem proteção, eu sabia que eles aproveitariam imediatamente. Eles declaravam para quem quisesse ouvir que haveriam de se vingar de mim e da minha família.

A construção da escola, no início, estava de acordo com nossos recursos: simples e clara. O mobiliário escolar veio depois, e eu lamento que algumas crianças, inclusive as menores, ainda sejam obrigadas a se sentar no chão. Felizmente eu consegui comprar enormes ventiladores que aliviam as crianças do calor e das moscas.

No início, eu tinha apenas uma professora, mas, graças a um artigo publicado por Nicolas D. Kristof no *The New York Times*, em dezembro de 2004, a escola atraiu a atenção da alta comissária do Canadá em Islamabad, Margaret Huber. O Canadá coopera com o Paquistão desde 1947 nos terrenos da educação, da saúde e da governabilidade. As mudanças de regime político não o impediram de manter essa cooperação, com a ajuda de representantes de ONGs locais paquistanesas. Esse país desembolsou milhões de dólares para ajudar o desenvolvimento.

Finalmente, o representante da SPO, Mustafá Baloch, veio a Meerwala verificar a situação da escola, e no início de 2005 a comissária chegou à aldeia, cercada de jornalistas, para me entregar em mãos um cheque de 2,2 bilhões de rúpias, a contribuição de seu país para a construção da escola.

Essa senhora me cumprimentou por minha coragem e pela luta empreendida para promover a igualdade e o direito das mulheres. Por meu desejo de dedicar minha vida não só à justiça mas também à educação.

Eu já tinha recebido as 500 mil rúpias do governo paquistanês e doações particulares feitas pelos Estados Unidos. Minha escola não funcionava mais debaixo das árvores, já havia sido construída. Com a doação do organismo canadense CIDA,* eu tinha a garantia do salário de cinco professores durante um ano, da construção de um gabinete para a direção e de uma pequena biblioteca, assim como de duas salas de aula para os meninos, afastadas das salas das meninas. Com a preocupação de gastar o menos possível, comprei madeira e contratei um marceneiro para fazer as mesas e as cadeiras. Depois, empreendi a construção de um estábulo, com cabras e bois, para nos garantir uma renda regular, independente das doações. Pois as ajudas estrangeiras não são eternas. Nessa época, eu já tinha entre 40 e 45 alunas — as aulas eram gratuitas tanto para as meninas quanto para os meninos.

No fim de 2005, posso me orgulhar do resultado: 160 meninos e mais de 200 meninas freqüentam a escola. No caso das meninas, posso dizer que venci!

Mas ainda é necessário convencer os pais a permitir que elas freqüentem regularmente as aulas. Muitas vezes, elas são encarregadas das tarefas domésticas, sobretudo as maiores. Tivemos então a idéia de inventar um prêmio de assiduidade, a ser conferido àquele ou àquela que não perdesse um só dia de

---

* Canadian International Development Agency.

aula. Ele será dado no fim do ano escolar. Uma cabra para as meninas e uma bicicleta para os meninos.

Disponho hoje de uma pequena propriedade, na antiga casa dos meus pais, onde nasci e continuo vivendo. O quintal é grande, ao lado dos aposentos reservados às mulheres. Há também agora um grande pátio descoberto, e quatro salas de aula para as meninas. A escola conta com cinco professoras para as meninas, cujos salários são pagos com as subvenções externas, e um professor para os meninos, pago pelo governo. Um dia, quem sabe, o governo também se encarregará dos salários das mulheres, é o que nós esperamos...

Temos um grande escritório, com uma biblioteca — reduzida, porém suficiente —, onde eu guardo os documentos importantes, os livros de estudo e o caderno de chamada.

Do lado de fora, foram instalados um banheiro para os homens e uma cisterna para todo mundo. No quintal, há também uma bomba para as necessidades domésticas e uma fornalha. Naseem é a supervisora e Mustafá Baloch, assessor técnico para a construção e a organização, pois a CIDA fiscalizou regularmente o andamento das obras. Tudo funciona. Eu sou diretora da única escola de meninas da minha região, entre as plantações de cana-de-açúcar e de trigo e as tamareiras. O centro da aldeia fica no fim de um caminho de terra, da porta do meu escritório eu vejo a mesquita e, na parte de trás da casa, atravessando o estábulo de cabras, a fazenda dos Mastoi. Os filhos deles vêm freqüentemente tomar lugar na escola, meninos ou meninas, e eu não recebi ameaças diretas. Reina a calma na escola.

As crianças aqui pertencem a várias tribos, de castas superiores e inferiores. Mas na idade delas não se manifestam conflitos. Sobretudo entre as meninas. Eu nunca ouvi uma única reflexão de alguma delas. As salas dos meninos ficam distantes da minha pequena propriedade, para que elas não cruzem com eles no caminho.

E todos os dias eu ouço as meninas recitarem suas lições, correrem, conversarem no pátio e rirem. Todas essas vozes me reconfortam, alimentam minha esperança. Hoje minha vida tem um sentido. Essa escola tinha de ser criada, e eu continuarei a lutar por ela. Daqui a alguns anos, essas menininhas já terão suficientes ensinamentos escolares para enfrentar a vida de uma outra maneira, espero. Pois desde que aconteceu esse problema, que projetou o nome da minha aldeia no mundo inteiro, não param de se suceder horrores contra as mulheres. A cada hora que passa, no Paquistão, uma mulher é violentada, espancada, queimada com ácido ou morre na explosão "acidental" de um botijão de gás... A Comissão dos Direitos Humanos do Paquistão constatou, nos seis últimos meses, 150 casos de estupro só na região do Punjab. E eu estou sempre recebendo mulheres que vêm pedir ajuda. Naseem lhes dá conselhos jurídicos, recomenda que nunca assinem um depoimento sem testemunha e que peçam ajuda às associações de proteção das mulheres.

Naseem também me mantém informada sobre os casos que aparecem na imprensa — eu estou aprendendo a ler, sei assinar meu nome, escrever um pequeno discurso, mas Naseem lê mais rápido que eu!

"Zafran Bibi, de 26 anos, foi estuprada pelo cunhado e ficou grávida. Ela não rejeitou a criança e foi condenada à morte por apedrejamento em 2002, pois o filho constituía uma prova de *zina*, o pecado de adultério. O estuprador não foi incomodado. Ela está na prisão em Kohat, no Nordeste do Paquistão, onde acaba de ser visitada pelo marido, que pede constantemente sua libertação. Ela não será apedrejada, mas pode passar vários anos na prisão, ao passo que seu estuprador é protegido pela lei."

"Uma jovem se casa por amor — em outras palavras, decide sozinha desposar aquele que ama, contra a opinião da família e da família do noivo que lhe era destinado, que por este motivo a considera 'mal-educada'. Seus dois irmãos assassinaram seu marido, numa reunião de família, para puni-lo por ter manchado a honra da família."

Nenhuma jovem tem o direito de pensar no amor, de se casar com o homem que quiser. Mesmo nos lugares evoluídos, as mulheres têm o dever de respeitar a decisão dos pais. E pouco importa se essa decisão foi tomada quando elas ainda nem tinham nascido. Nos últimos anos, algumas jovens foram condenadas pela jirga por terem pretendido se casar livremente, embora a lei nacional islâmica permita que o façam. Mas os funcionários preferem não interferir nas leis tribais, em vez de protegê-las. E para uma família "desonrada" é mais fácil fingir que o marido livremente escolhido violou sua filha. Faheemuddin, da casta dos Muhajir, e Hajira, da casta dos Manzai, casaram-se. O pai de Hajira não estava de acordo e apresentou queixa por estupro. O casal foi detido, mas Hajira declarou no julgamento do marido que consentira e que não fora violada. O tribunal a mandou para um centro de proteção de mulheres, para decidir seu destino. No mesmo dia em que o casal obteve ganho de causa, saindo livre do Superior Tribunal de Justiça de Hiderabad, surgiu um grupo de homens formado, entre outros, pelo pai da moça, seu irmão e seu tio. Eles tentaram fugir de riquixá mas foram abatidos.

Os casamentos mistos são raros, mas Naseem me contou a história de uma mulher cristã que se casou com um muçulmano e se converteu. Ela teve uma filha com ele, chamada Maria, já então uma adolescente de 17 anos. Certo dia, um tio da família apareceu na casa dela afirmando que sua mulher estava doente e pedia a presença de Maria. A adolescente desapareceu. Sua mãe a procurou em vão. Ela ficou encarcerada durante meses num compartimento, sendo alimentada por uma velha, sem saber por que havia sido feita prisioneira. Finalmente, foi obrigada por homens armados, acompanhados de um religioso, a assinar dois atos, um de casamento e outro afirmando que havia se convertido. Maria foi rebatizada Kalsoom e levada à residência de seu marido, um extremista, que pagara 20 mil rúpias para que ela fosse seqüestrada. Lá, viu-se novamente numa prisão, vigiada por todas as mulheres da casa, que a maltratavam e insultavam, pois ela era cristã.

A desgraçada rapariga teve um filho e tentou fugir uma vez, mas foi espancada brutalmente. Finalmente, quando já estava grávida de novo, aproveitou-se de uma porta que não estava trancada e conseguiu fugir, depois de três anos de prisão, voltando para a casa da mãe. Porém, o marido era influente. Ele recusava o divórcio, exigindo a guarda do filho. Maria teve de viver escondida, pois o advogado especializado nesse tipo de divórcio, entre cônjuges que não pertencem à mesma religião, recusara-se a levar adiante o caso. Antes de se retirar, ele advertira a mãe e a filha: a família daquele homem era muito poderosa e elas corriam perigo. O marido havia contratado capangas para seqüestrá-la. Tudo que ele pôde fazer foi encontrar um refúgio para ela.

Essa jovem saíra de um casamento misto, e sua história foi publicada. Um relatório da Comissão de Direitos Humanos informa que 226 menores paquistanesas foram seqüestradas no Punjab em condições idênticas, para serem casadas à força. Em geral, à primeira recusa da parte de uma jovem, a família logo trata ativamente de pôr novamente tudo "em ordem". Como uma recusa é considerada um atentado à honra, freqüentemente provocando acertos de contas mortais, as famílias se reúnem perante a jirga para resolver a questão. E quando há mortos dos dois lados, o preço a ser pago é estabelecido em rúpias ou na concessão de uma mulher ou mesmo de duas... segundo a decisão. Naseem diz que nós somos menos importantes que cabras, pior ainda, menos que os chinelos que o homem joga fora e troca à vontade, quando estão muito velhos.

Para resolver uma história de assassinato, por exemplo, uma jirga decidiu "atribuir" duas meninas de 11 e 6 anos à família das vítimas. A mais velha foi casada com um homem de 46 anos, e a menor, de 6 anos, com o irmão da vítima, um menino de 8 anos. E as duas famílias aceitaram a transação, muito embora fosse conseqüência de um assassinato estúpido. No início, era um conflito entre vizinhos, por causa de um cão que latia demais. Os jurados das jirgas quase sempre consideram que a melhor maneira de acalmar o furor assassino numa aldeia é conceder uma ou duas jovens em casamento, para estabelecer vínculos entre os inimigos.

Porém, a decisão de uma jirga nada mais é que o resultado de uma negociação. Esse conselho tem um papel conciliador, e só se reúne para resolver um conflito com a concordância das partes, e não para fazer justiça. É o sistema do "olho por olho". Quando um clã mata dois homens, o outro tem o direito de matar dois também... Quando uma mulher é estuprada, o marido, o pai ou o irmão tem o direito de estuprar outra, como revanche.

Os conflitos nos quais não está em jogo a honra dos homens são, em sua maioria, resolvidos financeiramente, e isso pode abranger até casos de homicídio. O que livra a polícia e a justiça oficial de responsabilidade em muitos casos. Não é raro — e talvez eu mesma seja a prova disso — que um antigo litígio em torno de terras anexadas por uma tribo se transforme misteriosamente em caso de honra, mais fácil de resolver perante o conselho, e isso sem que seja necessário desembolsar uma única rúpia.

O grande problema, para as mulheres, é que elas não são informadas de nada. Não participam das deliberações. Nos conselhos de aldeia só se reúnem homens. Ainda que seja objeto do litígio ou sirva de compensação, a mulher é por princípio mantida à parte. Da noite para o dia, ela fica sabendo que foi "dada" a determinada família. Ou, então, como no meu caso, que terá de pedir perdão a uma outra família. Como diz Naseem, os dramas e conflitos numa aldeia são verdadeiros nós desatados pelos conselhos sem a menor consideração pelas leis oficiais nem, sobretudo, pelos direitos humanos.

Em janeiro de 2005, quando eu já esperava há dois anos a decisão do tribunal de recursos de Multan, um outro caso chegou às manchetes dos jornais, sendo freqüentemente associado pelos comentaristas ao meu, embora seja muito diferente.

A dra. Chazia, mulher culta de 32 anos, casada e mãe de família, exercia sua profissão numa empresa pública do Baluquistão, a Pakistan Petroleum Limited. Naquele dia 2 de janeiro, seu marido estava no exterior. Ela estava, portanto, sozinha em casa, uma propriedade fechada e guardada, pois o setor de exploração da PPL fica numa zona tribal muito isolada.

Ela estava dormindo quando um homem entrou no seu quarto e a violou.

A dra. Chazia mesma contou o resto de sua história.

"Eu fiquei me debatendo enquanto ele me puxava pelos cabelos, gritei, mas não apareceu ninguém. Tentei apanhar o telefone mas ele me bateu na cabeça com ele e tentou me estrangular com o fio. Eu então implorei:

"— Pelo amor de Deus, nunca lhe fiz mal, por que está fazendo isso comigo?

"— Fique quieta! Tem alguém lá fora com um botijão de querosene. Se não ficar calada, ele virá botar fogo em você! — ele respondeu.

"Ele me violou, depois me vendou os olhos com meu lenço, me espancou com a coronha da espingarda e me violou outra vez. Depois me cobriu com uma manta, amarrou meus punhos com o fio do telefone e ficou um tempo vendo televisão. Eu ouvia o som em inglês."

A dra. Chazia ficou inconsciente, mas depois conseguiu se libertar e se refugiou na casa de uma enfermeira.

"Eu nem conseguia falar, e ela logo entendeu. Chegaram então médicos da PPL. Eu esperava que eles cuidassem das minhas feridas, mas eles nada fizeram, pelo contrário. Deram-me tranqüilizantes e me levaram secretamente de avião para um hospital psiquiátrico em Karachi, aconselhando-me a não entrar em contato com minha família. Mas, apesar disso, eu consegui avisar meu irmão, e a polícia registrou meu depoimento no dia 9 de janeiro. Os serviços de informação militares me disseram que o culpado seria detido em 48 horas.

"Meu marido e eu fomos instalados numa outra casa, sendo proibidos de sair. O presidente afirmou na televisão que a minha vida corria perigo. E o pior é que o avô do meu marido declarou que eu era uma 'kari', uma mancha na família, e que meu marido devia pedir o divórcio, que eu devia ser expulsa da família. Achei que iam tentar me matar, tentei me suicidar, mas meu marido e meu filho me impediram. Depois, fui insistentemente aconselhada a assinar uma declaração afirmando que fora ajudada pelo poder público e que não queria ir mais longe nesse caso. Disseram que se eu não assinasse meu marido e eu, provavelmente, seríamos assassinados. Que era melhor deixar o país e não pedir satisfações à PPL, pois nesse caso teríamos de enfrentar muitas dificuldades. Também fui insistentemente aconselhada a não entrar em contato com organizações humanitárias ou de defesa dos direitos humanos."

O caso teve muita repercussão no Baluquistão, onde os operários estão constantemente protestando contra a exploração de gás em sua região. Como correu o boato de que o agressor da dra. Chazia pertencia ao Exército, eles atacaram uma unidade militar do setor. Dizem que cerca de 15 homens foram mortos e foram danificadas instalações de gás.

A dra. Chazia vive atualmente exilada em algum lugar da Inglaterra, numa comunidade paquistanesa particularmente rígida, na qual não se sente bem. Seu marido a apóia, mas para os dois a maior tristeza foi ter precisado deixar o filho no Paquistão — ele não foi autorizado a acompanhá-los. Eles perderam sua vida, seu país; sua única esperança no momento é conseguir autorização para emigrar para o Canadá, onde têm família.

NASEEM É COMO SEMPRE DIRETA QUANDO COMENTA O CASO:

— Qualquer que seja sua posição social, seja analfabeta ou instruída, rica ou pobre, uma mulher vítima de violência é também vítima de intimidação. No seu caso, diziam: "Ponha o polegar, nós escreveremos o que for necessário!" No caso dela: "Assine aqui, caso contrário vai morrer!"

E ela continua:

— Seja um camponês ou um militar, um homem pode violar como quiser e quando quiser. Sabe que quase sempre será poupado, protegido por todo um sistema, político, tribal, religioso ou militar. Estamos mesmo muito longe de conquistar os direitos legítimos das mulheres. Muito pelo contrário. As militantes femininas são malvistas, somos consideradas, na pior das hipóteses, revolucionárias perigosas, e na melhor, perturbadoras da ordem masculina. Você foi recriminada por procurá-las, e dizem até numa certa imprensa que você é manipulada pelos jornalistas e pelas ONGs. Como se você não fosse inteligente o bastante para entender que a única maneira de conseguir justiça é exigi-la em alto e bom som.

EU ME TORNEI UMA MILITANTE. UM ÍCONE, O SÍMBOLO DA LUTA DAS mulheres do meu país.

Dizem que a Academia de Artes de Lahore montou uma peça de teatro inspirada em minha infeliz história. *Mera Kya Kasur.** A história não é calcada no que me aconteceu, pois começa com a filha de um senhor feudal se apaixonando por um jovem instruído, mas filho de camponês. Eles são vistos de mãos dadas, ao passo que o veredicto da jirga para restabelecer

---

* *Seria culpa minha?*

a honra do senhor estipula que a irmã do jovem camponês seja dada ao filho do senhor. A jovem camponesa se suicida, e sua mãe também; o rapaz enlouquece e também se suicida.

Antes de morrer em cena, a jovem atriz que interpreta o "meu papel", o da mulher que é dada, fica se perguntando se seria um pecado em seu país nascer mulher e pobre. E grita:

"Será que recuperarei a minha honra se os culpados forem detidos? Quantas moças existem como eu? Mais que o suicídio, foi o desejo de justiça que me devolveu a honra. Pois não devemos nos sentir culpados pelos crimes dos outros. Infelizmente, são muito poucas as mulheres que têm a oportunidade de alertar os meios de comunicação e as organizações de defesa dos direitos humanos."

EM OUTUBRO DE 2004, CENTENAS DE MILITANTES E REPRESENTANTES DA sociedade civil promoveram uma grande manifestação para exigir a reforma da legislação sobre os crimes de honra. Meu advogado participou, ao lado de outras personalidades. Há muito tempo o governo vem prometendo proibir os crimes de honra, e nada foi feito. Bastaria modificar pelo menos os artigos da lei que permitem aos criminosos chegarem a um acordo com as famílias de suas vítimas, escapando assim às sanções penais. Bastaria declarar ilegais os processos nos conselhos tribais. Dizem que alguns governos de províncias estão preparando um projeto de lei sobre esse sistema de justiça privada. Mas as jirgas continuam a exercer seu poder e milhares de mulheres continuam sendo vítimas de estupros e assassinatos nesse sistema tribal.

O RECURSO JUDICIAL, NO MEU CASO, É MUITO DEMORADO. JÁ SE PASSAram dois anos desde as primeiras condenações à morte. Se as leis não mudarem, se o Tribunal Superior de Islamabad não confirmar as condenações, se os oito acusados que já foram libertados não forem sancionados, dessa vez, como eu solicitei ao interpor recurso, por que então não libertar todo mundo e me mandar de volta à minha aldeia, à mercê dos Mastoi? Eu nem ouso pensar nisso. Naseem está confiante. Ela se envolveu profundamente nesse combate ao meu lado. E sei que ela corre tantos riscos quanto eu. Ela é otimista, acredita na minha capacidade de resistir. Sabe que irei até o fim, que suporto as ameaças com um fatalismo que me serve de escudo, uma obstinação que pode parecer tranqüila para os outros, mas que desde o início fervilha dentro de mim.

Eu digo freqüentemente que se a justiça dos homens não punir aqueles que me fizeram "isso", Deus proverá, mais cedo ou mais tarde. Mas eu gostaria que essa justiça fosse feita oficialmente. Perante o mundo inteiro, se necessário.

DESONRA

No dia 1º de março de 2005 eu me apresento mais uma vez perante o tribunal. Dessa vez, é o Tribunal de Recursos de Multan. Não estou sozinha: as ONGs e a imprensa nacional e internacional estão esperando a decisão. Eu declarei diante dos muitos microfones estendidos para mim que eu queria apenas justiça, mas a queria "inteira".

A tribo dos Mastoi continua negando. E aqui todos nós sabemos — membros das ONGs, jornalistas locais e estrangeiros — que responsáveis por estupros são com freqüência absolvidos. O primeiro julgamento foi uma vitória, à parte a absolvição de oito homens do clã, cuja condenação também reivindico. Sento-me e ouço o juiz ler em inglês um texto interminável, que, naturalmente, não entendo.

De acordo com o julgamento datado de 31 de agosto de 2002, lavrado pelo tribunal de Dera Ghazi Khan, juiz antiterrorista, os seis autores do recurso, abaixo citados, foram considerados culpados e condenados às seguintes penas...

Seis homens foram condenados à morte.

Os oito outros réus foram absolvidos de todas as acusações que pesavam contra eles...

De vez em quando, eu cochicho com Naseem. E enquanto isso, lenta mas seguramente, ao ritmo daquelas palavras incompreensíveis para mim, está sendo feita uma justiça arbitrária.

Assim se passa o dia de segunda-feira, e logo também o de terça-feira, 2 de março. Chega a vez de o meu advogado falar e eu de vez em quando cochilo, tão cansada estou. Fico muitas vezes com a impressão de que as coisas acontecem independentemente de mim neste salão.

Se pelo menos eu pudesse entender as palavras que são trocadas — mas preciso esperar que chegue a noite, para que meu advogado resuma em minha língua a essência dos argumentos de defesa dos acusados. O que parece é que:

"Meu depoimento está cheio de contradições, não sendo sustentado por nenhuma prova suficiente para comprovar um estupro coletivo."

E, no entanto, pelo menos metade da aldeia foi testemunha.

"Minha queixa não foi apresentada imediatamente depois dos fatos, não se podendo encontrar um motivo válido para essa protelação."

Só mesmo outra mulher pode saber a que ponto uma mulher estuprada por quatro homens fica doente física e moralmente. Será que o suicídio imediato teria mais lógica para todos esses homens?

"A maneira como o meu depoimento foi registrado é duvidosa. No dia 30 de 2002, um inspetor registrou uma versão. O procurador registrou outra."

A versão do policial e a minha não podiam convergir, naturalmente.

Segue-se toda uma série de contestações apresentadas pela defesa, tendendo a mostrar que nada comprova a responsabilidade dos acusados. Afirma-se que toda essa "história" foi inventada por um jornalista que estava presente, para produzir manchetes sensacionalistas. Que a imprensa se apoderou do caso e lhe deu cobertura internacional, embora os fatos não tivessem realmente ocorrido!

Que eu recebi dinheiro do estrangeiro, que tenho uma conta bancária!

Eu conheço todos esses argumentos, especialmente o último. Meu desejo de abrir uma escola com esse dinheiro, de educar as meninas e mesmo os meninos, não importa para os meus adversários. Traduziram para mim comentários publicados na imprensa nacional, querendo demonstrar que a mulher paquistanesa tinha apenas um dever, estar a serviço de seu marido, que a única educação para uma moça devia partir de sua mãe e que ela nada tinha a aprender fora dos textos religiosos. Só o silêncio da submissão.

Fica praticamente evidente nesse tribunal que eu sou culpada por não respeitar esse silêncio.

Eu muitas vezes disse e repeti para os jornalistas que lutava com a força da minha fé religiosa, meu respeito pelo Corão e pela Suna. Essa forma de justiça tribal que consiste em aterrorizar e violar para assegurar o domínio sobre uma aldeia nada tem a ver com o Corão. Infelizmente, meu país continua sendo regido por essas tradições bárbaras que o Estado não consegue arrancar da mentalidade. Entre a lei oficial da república islâmica, que avança muito lentamente para uma verdadeira igualdade entre os cidadãos, homens e mulheres, e as leis hudud,* que penalizam basicamente as mulheres, os juízes seguem suas próprias convicções.

No dia 3 de março, finalmente sai o veredicto, contrário à decisão do tribunal antiterrorista em primeira instância. Para espanto geral, o tribunal de Lahore absolve cinco dos condenados, determinando que sejam libertados! Só um deles permanece na prisão, para cumprir pena perpétua. É um choque terrível!

A multidão começa então a gritar enfurecida, e ninguém quer sair da sala de audiências. Os jornalistas se agitam em seus bancos e chovem comentários de todos os lados.

"É uma tristeza para o país..."

"...uma vergonha para todas as mulheres..."

"...mais uma vez, a lei civil é ridicularizada..."

Eu fico arrasada. Tremo diante dos jornalistas. Que dizer? Que fazer? Meu advogado vai recorrer dessa decisão, mas, e até lá?

---

* Reforço da lei de zina, chamada de "reforço dos hudud".

"Eles" vão voltar para casa, em sua fazenda, a 100 metros da minha casa e da minha escola. Minha família está ameaçada, eu corro risco de morte a partir de hoje. Eu queria justiça, queria que eles fossem enforcados, não tinha medo de dizê-lo, ou ao menos que ficassem na prisão pelo resto da vida. Eu já não lutava apenas por mim, mas por todas as mulheres rebaixadas ou abandonadas pela justiça diante da exigência de quatro testemunhas oculares para obter a prova de um estupro! Como se os estupradores agissem em público! Todos os depoimentos a meu respeito são rejeitados sem qualquer outra forma processual, embora uma aldeia inteira esteja a par. Esse tribunal está empenhado em devolver aos Mastoi a honra perdida! Para isso, escorou-se em argumentos que repetem palavra por palavra os da defesa e me transformam em acusada: a investigação foi malfeita, o estupro não ficou provado. Muito bem, Mukhtar, volte para casa, devia ter-se calado, a poderosa casta dos Mastoi levou a melhor sobre você. É um segundo estupro.

Eu choro de raiva e angústia. Entretanto, diante da indignação geral, da massa de manifestantes e dos jornalistas, o juiz é obrigado a vir fazer uma declaração algumas horas depois.

"Eu emiti um veredicto, mas ainda não ordenei que ele seja aplicado! Os acusados ainda não estão em liberdade."

O veredicto saiu, portanto, na noite de quinta-feira, 3 de março. Sexta-feira é dia de oração. Antes que o juiz tenha tempo de mandar datilografar o veredicto e enviar uma cópia por correio para o prefeito e as diversas administrações penitenciárias, ainda temos alguns dias para agir — é o que me explica Naseem, que não baixa a guarda, assim como os militantes de todas as associações presentes.

Passado o choque inicial, eu me recuso a desistir. Ao nosso redor, outras mulheres clamam a mesma raiva e a mesma humilhação. As ONGs e a organização de defesa dos direitos humanos imediatamente se mobilizam. A província está em ebulição. No dia 5 de março, eu dou uma entrevista coletiva e saio dela esgotada. Sim, vou recorrer. Não, não vou me exilar. Quero continuar vivendo na minha casa, na minha aldeia; meu país é aqui, esta terra é a minha terra, recorrerei pessoalmente ao presidente Mucharraf se for preciso!

No dia seguinte, estou de volta à minha casa, e em 7 de março chego a Multan para participar de uma enorme manifestação de protesto contra esse julgamento iníquo. Três mil mulheres participam, apoiadas pelas associações de defesa dos direitos femininos. Eu caminho entre faixas e cartazes exigindo justiça em meu nome, assim como a reforma das famosas leis hudud. Caminho em silêncio no meio daquela multidão exaltada, tendo na cabeça esta frase humilhante e obsessiva: "Eles serão libertados, eles serão libertados... Mas quando?"

Enquanto isso, os organizadores da manifestação aproveitam os microfones e os fotógrafos para protestar. O líder dos militantes da associação dos direitos humanos declara:

"O governo não foi além de sua própria retórica sobre os direitos das mulheres. Condenar a dra. Chazia, obrigando-a a deixar o país, e Mukhtar Mai, pondo em liberdade seus agressores, significa que ainda será longo o caminho para alcançar a justiça."

As fundadoras da AGHS — uma associação criada em 1980 para lutar pelos direitos humanos e o desenvolvimento democrático do país — estão constantemente presentes e, portanto, em contato com os casos difíceis. Mostram-se ainda mais amarguradas.

"Se a condição das mulheres melhorou um pouco, não se deve em nada ao governo. Os avanços se devem em grande medida à sociedade civil e às organizações de defesa dos direitos das mulheres. Muitas vezes, elas arriscaram a vida para atingir seus objetivos! Somos alvo de ameaças graves e pressões constantes há muitos anos. Este governo, sobretudo, vale-se do princípio do direito das mulheres para transmitir à comunidade internacional uma imagem progressista e liberal do país. É uma ilusão! O estupro da dra. Chazia e o resultado do processo de Mukhtar Mai demonstram fartamente a falta de vontade política de eliminar a violência contra as mulheres. O presidente protege os acusados, influencia as investigações. O Estado perdeu sua credibilidade."*

Por sua vez, o diretor da fundação Aurat, especializada em educação e ajuda judiciária às mulheres, afirma:

---

* Hina Jilali, uma das fundadoras, advoga na Corte Suprema de Lahore e na Corte Suprema de Islamabad.

"A condição das mulheres se deteriorou muito, e continuará piorando. O caminho é longo, embora os movimentos de defesa dos direitos humanos tenham avançado neste último quarto de século. O governo afirma que a representação feminina no Parlamento é de 33%, mas isso se deve exclusivamente à pressão constante da sociedade civil. O processo de Mukhtar Mai é o maior exemplo de que nada foi feito para pôr fim à violência contra as mulheres, e o estupro da dra. Chazia, um outro exemplo revoltante da desonra de nosso país perante o mundo. Trata-se de uma ofensa aos direitos humanos. O processo de Mukhtar Mai só pode servir para estimular os futuros estupradores. A recente derrubada de um projeto de lei que proibiria os crimes de honra no país significa que ainda teremos de caminhar muito tempo para ter esperança de alcançar uma justiça social."

Kamila Hayat, da HRCP,[*] declara aos jornalistas:
"Embora a violência não tenha regredido, as mulheres atualmente se esforçam para entender seus direitos nos casos de violência familiar. Esses casos aumentam como resultado da pobreza, da falta de educação e de tantos outros fatores sociais negativos, como os julgamentos tribais e as leis antifeministas em vigor há alguns anos. Essas duas combatentes mostraram

---

[*] Human Rights Commission of Pakistan.

que para uma mulher conseguir justiça é igualmente difícil, seja ela letrada ou não."

Toda a imprensa, o rádio e a televisão se mobilizam e comentam dia e noite essa decisão escandalosa. Alguns não deixam de levantar certas questões: Quem interveio? Como é possível que um juiz anule totalmente uma condenação por estupro em bando organizado estabelecida por um tribunal antiterrorista? Com base em que critério? Eu não sei a resposta. É uma questão para o meu advogado.

Naquela mesma noite, eu estou de volta à aldeia, pois ficamos sabendo que a alta comissária do Canadá no Paquistão, a sra. Margaret Huber, virá no dia seguinte me visitar na escola. Todas as Embaixadas estrangeiras estão informadas do caso, e a alta comissária chega por volta de meio-dia — eu tenho de recebê-la da forma que ela merece. Ela declara aos jornalistas que a acompanham:

— Através da Agência Canadense de Desenvolvimento Internacional, o Canadá financiará a ampliação da escola para as alunas já matriculadas e também para as que estão em lista de espera. Meu país faz essa doação para homenagear a imensa contribuição da militante Mukhtar Mai para a luta pela igualdade dos sexos e os direitos da mulher no Paquistão e no mundo. A violência contra as mulheres continua sendo um dos maiores flagelos mundiais. A agressão que atingiu Mukhtar Mai teria alquebrado muitas outras. Vítima de um estupro coletivo por ordem de um conselho tribal, Mukhtar Mai não aceitou se calar e dedicou os recursos que lhe foram concedidos a título de indenização para construir uma escola para sua aldeia. Ela quer se assegurar de que as meninas de sua aldeia não terão o mesmo destino. Essa mulher encarna o verdadeiro espírito da Jornada Internacional da Mulher!

A visita da sra. Huber durou quatro horas. Sua presença me reconfortou, mas também foi um dia angustiante para mim, pendurada no telefone à espera das notícias do meu advogado, que tentava obter uma cópia da sentença.

Finalmente, ele ficou sabendo que os "culpados" sairiam da prisão no dia 14 de março — a princípio, pois os militantes das ONGs e os meios de comunicação se haviam postado diante da prisão, e a polícia não poderia garantir sua segurança em meio àquela multidão de jornalistas e militantes enfurecidos.

Essa libertação pode provocar uma revolta que em nada convém ao governo. Entretanto, como já me acusam de estar sendo ajudada pelas ONGs e pela mídia, não vou parar por aí. Pelo contrário. A minha luta também é a luta deles há muitos anos. Ninguém vai me calar. Se eu ficasse em casa chorando e me lamentando pelo meu destino, não poderia mais me olhar no espelho. Eu tenho responsabilidades: a segurança dos meus familiares, minha vida e minha escola, que é hoje freqüentada por mais de 200 alunos. Deus sabe que eu sempre disse a verdade. Minha coragem é justamente a verdade, e eu quero que ela finalmente saia desse ninho odioso onde se escondem os homens e sua hipocrisia. Foi assim que Naseem e eu empreendemos uma turnê de uma semana que nos deixaria mortas de cansaço.

No dia 9 de março, preparamo-nos para ir no dia seguinte a Muzzaffargarh, capital do cantão, onde terá lugar mais uma manifestação contra a violência que vitima as mulheres. Cerca de 1.500 pessoas estão presentes. A presidente da organização de defesa dos direitos humanos do Paquistão também comparece, falando aos jornalistas. Um slogan pode ser lido em enormes cartazes: "Mukhtar Mai, coragem, estamos com você."

Somos escoltadas pela polícia a cada deslocamento. Às vezes fico me perguntando se estão me protegendo ou me vigiando. Não me agüento mais em pé, desde o dia 3 de março estou acometida de uma estranha febre e não pude descansar. Vários manifestantes se deslocaram inclusive até a aldeia, postando-se diante da minha casa. O caminho ficou atravancado, o pátio está cheio de gente. Os organizadores da mobilização me informam que no dia 16 de março haverá em Muzzaffargarh uma outra marcha contra as leis hudud. Mas no dia 16 de março eu não sei onde estarei. Os Mastoi terão sido libertados, e estarão em casa, livres, mas eu não!

E eu terei de ir novamente para Multan, até o escritório do advogado, para apanhar a cópia da sentença que ele acaba de obter. Mais três horas de estrada. Sinto-me tão mal... Minha cabeça parece uma pedra, minhas pernas vacilam, meu corpo todo está cansado de suportar essa batalha que não acaba nunca. Naseem é obrigada a pedir que o motorista pare, para encontrar um remédio que me alivie provisoriamente.

Mal acabei de entrar no escritório do advogado e o meu telefone celular toca. É o meu irmão Shakkur, gritando histericamente:

— Volte correndo para casa, a polícia disse para não sairmos daqui! Os Mastoi saíram da prisão há uma hora! Logo estarão chegando! Há policiais por toda parte! Você tem de voltar, Mukhtar! Depressa!

Dessa vez parece que perdi a batalha. Eu esperava que as autoridades judiciárias interviessem, que meu advogado tivesse tempo de entrar com recurso contra a decisão. Esperava que acontecesse qualquer coisa, mas que pelo menos eles continuassem na prisão sob a pressão dos meios de comunicação, das ONGs e dos políticos. Estava esperando o impossível.

Voltando para casa em plena noite, pressinto que não estamos longe do furgão da polícia que leva de volta para casa os meus agressores. Eles devem estar pouco adiante de nós. Fico olhando as lanternas traseiras dos veículos e tremo de raiva ao imaginar que eles estão na nossa frente!

São 11 horas da noite quando nós chegamos. A casa está cercada por uma dezena de veículos da polícia. Em frente, na escuridão da noite, percebo a mesma movimentação em volta da fazenda dos Mastoi. Eles estão mesmo lá! A polícia quer ter certeza de que os cinco não fugirão, pois a apelação está em andamento. E, sobretudo, quer evitar uma revolta, e impedir o acesso de jornalistas e manifestantes. A entrada da aldeia é vigiada, e portanto também sua saída, pois não existe outra passagem para veículos. Naseem me tranqüiliza:

— Por enquanto, eles não podem sair de casa. Vá se trocar depressa, vamos partir de novo!

Tomamos a decisão louca de pegar a estrada em direção a Multan: o advogado nos aconselhou a tentar falar com o presidente Mucharraf e pedir-lhe, antes de mais nada, que intervenha pela minha segurança e a da minha família. Mas eu exijo mais. Muito mais. Quero que todos eles voltem para a prisão, que a Corte Suprema volte a examinar o caso — quero justiça, ainda que deva pagar com a vida. Não tenho mais medo de nada. Minha indignação é uma boa arma, e eu estou indignada contra esse sistema que pretende me obrigar a viver com medo, em minha própria aldeia, diante de meus estupradores impunes. Já vai longe o tempo em que eu caminhava resignada por esse caminho, para pedir perdão em nome da minha família pela "honra" dessa gente. São eles que desonram o meu país.

Após as três horas de estrada até Multan, mais nove horas de ônibus até Islamabad, chegamos à capital federal ao alvorecer do dia 17 de março, acompanhadas por militantes e jornalistas de todas as procedências. Peço para ser recebida pelo ministro do Interior, para que ele me faça oficialmente duas concessões. Primeiro, que garanta minha segurança; depois, que os Mastoi sejam proibidos de deixar seu domicílio, pois estou interpondo recurso. Se eles conseguirem deixar o território, eu jamais voltarei a ter ganho de causa, e sei perfeitamente do que eles são capazes. Podem, por exemplo, reunir sua tribo e conseguir chegar a uma zona tribal onde ninguém mais seria capaz de identificá-los. E, além disso, pagar a um primo cúmplice para me matar. Posso imaginar todas as vinganças possíveis: fogo, ácido, seqüestro. O incêndio da casa e da escola.

Mas eu estou calma, cansada mas firme, quando o ministro nos recebe, tentando me tranqüilizar.

— Já prevenimos a polícia da fronteira, eles não poderão deixar o país. Entenda que não podemos passar tão facilmente por cima do julgamento da corte de Lahore.

— Mas é preciso fazer alguma coisa. Minha vida corre perigo!

— Existe um procedimento especial: na qualidade de ministro do Interior, posso expedir uma nova ordem de detenção, considerando que esses homens representam uma ameaça à ordem pública. É a única maneira de levá-los de volta à prisão por algum tempo. Mas eu só posso exercer esse direito a partir da data e mesmo da hora em que eles foram libertados. E, a partir desse momento, o Estado tem 72 horas para agir. É a lei.

Setenta e duas horas. Três dias... Eles chegaram em casa na noite do dia 15, estamos na manhã do dia 18. Quantas horas faltam?

— Eu não conheço as leis, senhor ministro, nem os regulamentos, mas pouco importam os regulamentos e as leis, eles estão soltos e eu, ameaçada. É preciso fazer algo!

— Vou cuidar disso! O primeiro-ministro já foi avisado, vai recebê-la amanhã.

Só consegui dormir duas ou três horas, embora estejamos viajando há três noites, e dei uma entrevista coletiva ao sair do gabinete do ministro do Interior. Naseem e eu já não sabemos a diferença entre o dia e a noite, nem nos lembramos de quando comemos pela última vez.

Na manhã do dia seguinte, às 11 horas, lá estamos nós no gabinete do primeiro-ministro. Já calculamos mais de dez vezes, e se nossas contas estão certas, as 72 horas já transcorreram desde as 10 horas da manhã.

O primeiro-ministro também tenta nos tranqüilizar.

— O que era necessário já foi feito. Estou certo de que eles foram detidos antes de se passarem as 72 horas. Confiem em mim!

— Não. Quero que me dê uma resposta precisa. Ou tenho a certeza de que eles estão na prisão ou não saio do seu gabinete.

Naseem traduz para o urdu, no mesmo tom decidido que eu adotei.

Quem diria que eu seria capaz de falar desse jeito ao primeiro-ministro do governo do meu país? Eu, Mukhtaran Bibi, de Meerwala, camponesa dócil e calada, transformada em Mai, a grande irmã respeitada, como eu mudei! Aqui estou sentada nessa belíssima poltrona diante do ministro, em atitude respeitosa mas obstinada — e só o Exército seria capaz de me tirar dali sem ter certeza de que esses bárbaros foram postos de novo na prisão, e da hora exata em que isso foi feito. De que eles realmente estão na cadeia! Pois o fato é que desde o dia 3 de março não confio mais em ninguém.

O primeiro-ministro pega o telefone e chama o prefeito de Muzzaffargarh, a 5 quilômetros da capital. Eu ouço com atenção; Naseem vai traduzindo:

— Ele está dizendo que a ordem já foi dada. A polícia recebeu a nova ordem de detenção, uma escolta policial foi buscá-los na aldeia. Às 10 horas, eles foram algemados e o prefeito os está esperando. Não demorarão a chegar à casa dele.

— É mesmo? Mas ele ainda não os viu! Eles ainda estão na estrada!

— Ele deu sua palavra, Mukhtar. Eles já estão a caminho da prisão. Os quatro que foram libertados e os outros oito, que não haviam sido encarcerados.

Ao sair do gabinete do primeiro-ministro, eu tento confirmar por mim mesma, telefonando ao prefeito. Mas ele não está em seu gabinete. Sou informada de que ele viajou para o cantão vizinho — estão todos de serviço, pois o presidente está visitando a região. Mas essa visita não tem nada a ver comigo...

Tento então telefonar para Shakkur em casa, mas não consigo obter linha. Estamos em plena estação de chuvas, impossível falar com meu irmão. Finalmente, consigo encontrar um primo que tem uma loja.

— Sim, sim! Nós vimos a polícia esta tarde, eles chegaram pouco depois da oração da sexta-feira, detiveram todos os quatro, e também os outros oito. E já foram embora de novo para o cantão. Mas estão furiosos! A aldeia toda ficou sabendo.

É exatamente o que eu quero. Dessa vez, fui eu quem consegui que fossem detidos.

Não conheço as leis e os regulamentos, e Naseem me explica o que vai acontecer agora.

— Eles estão na prisão por uma decisão especial, mas apenas por 90 dias. Foi o governo do Punjab que tomou oficialmente essa decisão. O governador pode mandar deter quem quiser por simples decreto, desde que represente uma ameaça para a ordem pública. Nesse período, o tribunal poderá examinar seu pedido de recurso.

VOLTAMOS PARA CASA NO DIA 20 DE MARÇO, E AS AMEAÇAS RECOMEçam. Os primos dos Mastoi dizem por toda parte que foi por nossa culpa que a polícia os prendeu de novo. E afirmam que vão tomar alguma providência contra nós. Agora, voltam-se contra Naseem: segundo eles, eu nada poderia ter feito sem ela. E é verdade. Nós somos amigas, eu conto tudo a ela e ela conta tudo a mim; nós vivenciamos as experiências juntas, os mesmos sentimentos de medo, indignação e alegria. Choramos juntas e resistimos juntas. O medo continua aí, à espreita, mas nós somos corajosas. Na entrevista coletiva do dia 16 de março, os jornalistas perguntaram se eu não pretendia sair do Paquistão e pedir asilo em outro país. Eu respondi que não era minha intenção, e que eu esperava conseguir justiça no meu país. Deixei claro também que minha escola estava funcionando, com 200 alunas e 150 alunos.

Esta afirmação era válida no dia 16 de março; porém, a partir do dia 20, a situação era outra. O humor dos Mastoi, novamente sob a ameaça de perder o chefe do bando, seus irmãos e seus amigos, pôde ser sentido a quilômetros de distância. Mas a polícia me serve de escudo. Às vezes pesado, para minha liberdade de movimentos. Mas já me acostumei.

No dia 11 de junho fico sabendo que estou proibida de viajar, por questão de segurança. Fui convidada pela Anistia Internacional para ir ao Canadá e aos Estados Unidos, mas ao chegar a Islamabad para as providências necessárias sou informada de que não poderei obter o visto, pois estou na lista da proibição de deixar o território nacional.

Mal saí da repartição, meu passaporte é confiscado. Meu advogado perde o contato comigo durante algum tempo. Ele fica irritado, declara aos jornalistas que eu sou mantida como refém em algum lugar de Islamabad, e que, como advogado, ele tem o direito de falar comigo. As autoridades respondem que eu estou em prisão domiciliar para minha própria segurança. Mas parece que o próprio presidente considera que não se deve "transmitir ao exterior uma imagem negativa do país". Essa proibição de sair causa nova comoção entre os defensores dos direitos humanos e na imprensa internacional.

Em debate na Assembléia, uma senadora chegou a declarar que eu me havia transformado em uma "mulher ocidental", que eu devia "demonstrar mais modéstia e discrição, não viajar para fora do país e aguardar a justiça de Deus". Certos políticos acusam abertamente as ONGs de se escorarem em lobbies internacionais. Segundo eles, em suma, seria do meu "interesse" não ficar espalhando minha história pelo mundo afora, e sim resolvê-la dentro do país.

É muito grande o número de pessoas que me apóiam, tanto em meu país quanto fora dele. Certos extremistas queriam que eu fosse amordaçada, pois, segundo eles, eu não respeito a lei da República Islâmica do Paquistão.

O CAMINHO É LONGO, MUITO LONGO. ATÉ O DIA 15 DE JUNHO, QUANDO fico sabendo que, por ordem do primeiro-ministro, meu nome foi retirado da lista de proibição de deixar o território nacional.

No dia 28 de junho, eu tenho um sorriso no rosto. A Corte Suprema de Islamabad acaba de aceitar, depois de dois dias de audiência, a abertura de um novo processo de instrução. Meu advogado, que me pedira, por prudência, que não mais falasse aos jornalistas desde a proibição de deixar o território nacional, também está sorridente.

— Agora você pode dizer a eles o que bem quiser! Não a proíbo de mais nada!

Ele havia declarado à imprensa que o apoio que ela me dava podia se tornar prejudicial, enquanto a decisão de rever o caso não fosse tomada pela Corte Suprema, cuja independência não pode ficar sob suspeita. Chovem perguntas ao meu redor à saída da última audiência. Eu abraço as mulheres que me ajudaram até aqui, a emoção é forte demais.

— Estou muito feliz, realmente satisfeita. Espero que aqueles que me humilharam sejam punidos. Vou esperar o veredicto da Corte Suprema, é a ela que cabe a justiça aqui embaixo.

E a justiça de Deus virá no devido tempo.

Meu advogado confirma para os jornalistas que os oito homens anteriormente libertados, entre eles os membros do conselho da aldeia que haviam premeditado o estupro, estão na prisão.

— Não se trata de um simples caso de estupro, mas de um autêntico ato de terrorismo. Ele foi cometido para disseminar o terror na comunidade dos aldeões. A decisão de obrigar esses homens a comparecer perante uma nova instância, a mais alta de nosso país, para que as provas voltem a ser examinadas, é uma boa decisão.

Eu estava tranqüila. Podia voltar para minha aldeia, ir novamente ao encontro da minha família, dos meus pais, dos alunos da escola. A vigilância policial ainda durou algum tempo — especialmente toda vez que eu aceitava uma entrevista com jornalistas estrangeiros. Mas depois a pressão baixou. E a vigilância se limitava a um policial armado diante da minha porta. Toda vez que um jornalista estrangeiro vinha me procurar, contudo, minha "segurança" estava presente.

Ainda havia alguns ataques aqui e ali, na imprensa local, e bastante duros. Um dos mais espantosos foi um comentário sobre o meu pedido de visto para viajar ao exterior, que fez correr muita tinta. Em princípio, eu continuava convidada a ir ao Canadá e aos Estados Unidos. Mas eu havia declarado que no momento desistira desse projeto, para acalmar os ânimos dos desconfiados. Na verdade, o visto havia sido recusado. Eu não devia estar divulgando no exterior uma imagem negativa do Paquistão. Além disso, alguém teria comentado nas "altas esferas", como diz Naseem, que bastava ser vítima de estupro para ficar milionária e conseguir um visto. Como se as mulheres paquistanesas fossem correr para conseguir essa "formalidade" e fugir para o estrangeiro! Realmente lamento que um comentário tão indecente tenha sido feito. Mais uma vez, a imprensa nacional e internacional se levantou contra declarações de tal natureza. E por sinal parece que a referida declaração foi mal interpretada pelos jornalistas, e não teria sido exatamente assim. É o que eu espero.

Lutei por mim mesma e por todas as mulheres vítimas de violência em meu país. Não tenho a menor intenção de deixar minha aldeia, minha casa, minha família e minha escola. Como tampouco pretendo divulgar no exterior uma imagem negativa do meu país. Muito pelo contrário, ao defender meus direitos de ser humano, lutando contra o princípio da justiça tribal que se opõe à lei oficial da nossa república islâmica, tenho a convicção de estar apoiando as intenções da política de meu país. Nenhum homem paquistanês digno desse nome pode estimular um conselho de aldeia a punir uma mulher para resolver um conflito de honra.

Contra minha vontade, eu me tornei um símbolo para todas aquelas que são submetidas à violência dos patriarcas e dos chefes de tribo, e se esse símbolo atravessou as fronteiras, certamente servirá aos interesses do meu país. Está aí a verdadeira honra da minha pátria, permitir que uma mulher, analfabeta ou não, lute em voz alta contra a injustiça sofrida.

Pois a verdadeira questão que o meu país deve encarar é muito simples: se a mulher é a honra do homem, por que será que ele quer violar ou matar essa honra?

AS LÁGRIMAS DE KAUSAR

Não se passa um dia sem que cheguem até nós mulheres em estado de choque e procurando ajuda. Certo dia, eu respondi a uma jornalista paquistanesa que perguntava como era ser esse tipo de celebridade em meu país:

"Algumas mulheres me disseram que se fossem espancadas pelos maridos não hesitariam em ameaçá-los: 'Cuidado, vou me queixar a Mukhtar Mai!'"

Era um gracejo. Mas a realidade é que estamos o tempo todo no limite do trágico.

Nesse dia de outubro, concluindo com Naseem o relato da minha história, sou procurada por duas mulheres.

Elas viajaram quilômetros para me ver. Uma mulher acompanhada da filha, uma jovem esposa de cerca de 20 anos, Kausar. Ela traz nos braços seu primeiro filho, uma menina de cerca de 2,5 anos, e diz que está esperando um segundo bebê. As lágrimas correm de seus olhos ainda assustados, num belo rosto cansado. O que ela nos relata é um outro horror, infelizmente muito comum.

"Meu marido brigou com um vizinho. Esse homem vinha com muita freqüência a nossa casa, para comer ou dormir, e meu marido fez ele ver que não podíamos recebê-lo sempre assim. Certo dia, quando eu estava preparando os *chapatis*, surgiram de repente quatro homens na casa. Um deles pôs um revólver na testa do meu marido, outro apontou o seu para o meu peito e os dois últimos me passaram uma venda nos olhos. Eu não enxergava mais nada. Pude ouvir os gritos do meu marido enquanto eles me arrastavam no chão, morrendo de medo pelo filho que eu trazia no ventre. Eles me puseram num carro, que ficou circulando por muito tempo. Percebi que havia sido levada para uma cidade, ouvindo muito barulho de trânsito. Eles me mantiveram seqüestrada num compartimento e durante dois meses vinham me violar todos os dias. Eu não podia fugir. O compartimento era pequeno, sem janelas, e havia sempre vários deles montando guarda na porta. Fui mantida prisioneira do mês de abril ao mês de junho. Pensava no meu marido e no meu filho, temia que eles tivessem sido mortos na aldeia. Estava ficando louca, queria me matar, mas nada havia naquele lugar: eles me davam de comer numa gamela, como se fosse um cão; davam-me de beber como se fosse um cão. E se serviam de mim alternadamente.

"Até que, um dia, me puseram de novo dentro de um carro, com os olhos vendados, e percorreram muitos quilômetros, para fora da cidade, até me jogarem numa estrada. E o carro rapidamente deu a partida de novo, e eles foram embora me deixando ali, sozinha. Eu nem sabia onde estava.

"Fui caminhando até finalmente encontrar minha aldeia, na região de Muhammadpur, e concluí que a cidade para onde me haviam levado só podia ser Karachi, bem afastada em direção sul. Quando voltei para casa, meu marido estava vivo, meu pai e minha mãe haviam cuidado da menina e tinham apresentado queixa na polícia do distrito. Eu também contei para a polícia o que haviam feito comigo. Descrevi os rostos, meu marido sabia que o vizinho, que se tornara seu inimigo, tinha-se vingado em mim, e eu era capaz de reconhecer aqueles quatro homens. A polícia me ouviu, e o oficial me mandou assinar o relatório com o polegar. Como eu não sei ler nem escrever, ele disse que o faria por mim.

"Mas quando o juiz me chamou e eu contei tudo que havia me acontecido, ele disse: 'Você não está dizendo a mesma coisa que disse à polícia. Por acaso está mentindo?'

"Ele me convocou 12 vezes, e toda vez eu tinha de repetir que não sabia o que o policial havia escrito, mas que estava dizendo a verdade. O juiz mandou chamar os homens para interrogá-los. Eles disseram que eu estava mentindo. Ameaçaram minha mãe e meu pai, dizendo que não eram culpados, e que isso precisava ser dito ao juiz. Mas meu pai não aceitou, e eles o espancaram e quebraram seu nariz.

"Finalmente, o juiz mandou um só deles para a prisão, libertando os outros três. Nós temos muito medo deles. Não entendo por que só um deles ficou na prisão. Não foi o único que me estuprou. Esses homens acabaram com a minha vida e com a minha família. Eu estava grávida de dois meses quando eles me violaram, meu marido sabe perfeitamente, mas, na aldeia, começaram a falar coisas a meu respeito. E esses homens perversos estão em liberdade. Eles são Baluques. São mais poderosos e desprezam minha família, mas nós não fizemos mal a ninguém. Meu marido é meu primo, fomos casados ainda na infância, e ele é um homem honesto. Quando apresentou queixa, no início, ninguém o escutou."

Kausar chora em silêncio sem parar. Eu a obrigo a beber um pouco d'água, a comer, mas ela tem dificuldade. Há tanto sofrimento no seu olhar, e tanta resignação dolorosa no de sua mãe... Naseem explica-lhes a lei e indica a associação que devem procurar para conseguir um advogado. Damos-lhes um pouco de dinheiro para que possam voltar a sua aldeia, mas eu sei que o caminho também será longo para ela. Se ela tiver a coragem de exigir justiça, sua família será constantemente ameaçada, assim como ela mesma, enquanto não a tiver alcançado. Se é que vai conseguir. A família não tem absolutamente recursos para se mudar para outro lugar — sua casa e sua vida estão nessa aldeia. Seu filho vai nascer, e essa tragédia haverá de persegui-la pelo resto da vida. Ela nunca mais vai esquecer, como tampouco eu jamais esquecerei.

A lei determina que a polícia registre um relatório preliminar de investigação. E é sempre a mesma coisa, eles dizem à mulher: "Ponha aí o polegar, nós vamos preencher para você", e quando o relatório chega ao juiz, os culpados sempre são inocentes, a mulher mentiu!

Um homem quer punir outro por causa de uma disputa na aldeia e organiza um seqüestro sob a mira de armas, com o estupro coletivo de uma jovem mãe de família, grávida e inocente. Desde o início, ele está convencido de sua própria impunidade, e, ainda que vá para a prisão, permanecerá apenas por algum tempo. Mais cedo ou mais tarde, com a interposição de um recurso, ele será libertado, por falta de provas "suficientes". E provavelmente dirão que essa pobre mulher se prostituiu, que ela consentiu! Sua reputação, sua honra e a de sua família estarão mortas para sempre. E no fim das contas ela ainda se arrisca a ser condenada por adultério e prostituição, de acordo com as leis hudud. Para escapar dessa condenação monstruosa, seria necessário que os acusados confessassem seu "pecado" perante o juiz. Ou que a queixosa apresentasse as famosas quatro testemunhas oculares do "pecado", dignas de confiança.

Protegidos por esse sistema, os criminosos fazem o que querem.

UMA OUTRA MULHER ME ESPERA, COM O ROSTO PARCIALMENTE COBERTO por um véu gasto. Uma mulher de idade indefinida, esgotada pelos trabalhos domésticos. Ela tem dificuldade para falar. Simplesmente mostra o rosto, discretamente, envergonhada. E eu entendo tudo. Metade do seu rosto foi devorada pelo ácido. E ela nem consegue mais chorar. Quem foi que fez isso? Seu marido. Por quê? Ele a espancava, ela não era suficientemente rápida quando se tratava de servi-lo e atender a todas as suas necessidades. E agora que a mutilou para o resto da vida ele a despreza. Não podemos fazer muito por ela — algum consolo e dinheiro para voltar para a casa de sua família e abandonar o marido, se conseguir.

Às VEZES, FICO ASSOBERBADA PELA DIMENSÃO DA TAREFA QUE ABRAÇAMOS. Outras vezes, fico sufocada de indignação. Mas nunca perco a esperança. Minha vida tem um sentido. Minha infelicidade tornou-se útil para a comunidade.

Educar as meninas é uma coisa muito fácil, mas no caso dos meninos, que nascem nesse mundo de brutamontes, vendo os mais velhos agirem dessa maneira, é uma empreitada mais difícil. A justiça conquistada pelas mulheres deverá educá-los ao longo das gerações, já que, com o sofrimento e as lágrimas, eles nada aprendem.

Eu também estou esperando a justiça definitiva por parte da Corte Suprema. Deposito nela minhas esperanças na Terra, exatamente como espero de Deus o derradeiro julgamento. Pois o fato é que, se eu não obtiver justiça, se tiver de suportar uma guerra eterna pelo fato de permanecer nesta aldeia, e mesmo pagar com a vida, um dia os culpados serão castigados.

No momento em que esse dia de outubro chega ao fim, com sua carga de miséria e sofrimento, o alvorecer do novo dia revela outros sofrimentos. A terra tremeu em toda a região Norte do país. Milhares de mortos e feridos, de desabrigados, crianças com fome vagam pelas ruínas daquilo que era sua vida. Minha província do Punjab escapou à catástrofe, e eu rezo por todos esses infelizes, por todas essas crianças mortas nos escombros de suas escolas.

Não basta rezar por elas. O Paquistão precisa da ajuda internacional. Dessa vez, sou autorizada a viajar ao exterior, com a dra. Amina Buttar, presidente da rede Ásia América de combate à violência contra as mulheres. Recebo de uma revista o prêmio de "Mulher do ano". Fico orgulhosa, mas não é o objetivo principal da minha viagem.

Quero aproveitar essa oportunidade para defender não só a causa das mulheres, mas também, nesse momento cruel, a das vítimas do terremoto. Meu coração sente especialmente pelas mulheres e crianças que tiveram suas vidas devastadas, por esses sobreviventes que precisam de ajuda para superar essa tragédia.

Tomo então um avião para Nova York e depois vou ao Congresso americano, em Washington, falar desses dois problemas e pedir uma ajuda suplementar de 50 milhões de dólares para as vítimas do terremoto mais devastador ocorrido no meu país em muitos anos.

A ajuda internacional demora a chegar. Infelizmente, a imagem do meu país não contribui muito para a caridade no exterior. Como sempre, sou seguida pelos jornalistas, que não se eximem de fazer perguntas sobre a possibilidade de eu me exilar. Quando viajo, respondo simplesmente:

— Minha permanência no exterior será breve, logo estarei voltando ao meu país e à minha aldeia.

Fui eleita mulher do ano por uma revista americana que homenageou pessoas célebres, e fico feliz com isso, é um reconhecimento que me sensibiliza, mas eu nasci paquistanesa e continuarei a sê-lo. E é como militante que eu viajo, para dar minha contribuição para diminuir a infelicidade que existe em meu país.

SE PELOS ESTRANHOS CAMINHOS DO DESTINO POSSO AJUDAR, DESSE modo, o meu país e o seu governo, é uma grande honra que nos é feita. Que Deus proteja minha missão.

Mukhtar Mai
Novembro de 2005

AGRADECIMENTOS

Quero agradecer a:

Minha amiga Naseem Akhtar, por seu fiel apoio;

Mustafá Baloch e Saif Khan, que aceitaram ser meus intérpretes na elaboração deste livro;

A Agência Canadense para o Desenvolvimento Internacional;

A Anistia Internacional;

A Associação Internacional dos Direitos Humanos;

A dra. Amina Buttar, presidenta da ANAA (Asian American Network against Abuse of Women Right).

E a todas as organizações de defesa dos direitos das mulheres no Paquistão, as militantes da luta contra a violência sofrida pelas mulheres no mundo, que se mobilizaram ao meu lado;

A todos os doadores, oficiais e privados, que permitiram a construção da escola Mukhtar Mai e sua ampliação.

Finalmente, agradeço em particular aos meus pequenos alunos, meninos e meninas, cuja assiduidade na escola me dá a esperança de ver brotarem na minha aldeia as sementes de uma geração mais bem-educada, livre e pacífica entre homens e mulheres.

Este livro foi composto na tipologia
Minion-Regular, em corpo 12,5/18,5, impresso em
papel off-white 80g/m², no Sistema Cameron
da Divisão Gráfica da Distribuidora Record.